LE ROMAN NOIR
DES MATIÈRES PREMIÈRES

DU MÊME AUTEUR

Chez le même éditeur :

Parce qu'ils l'ont trahie. Récit vécu de l'enlèvement d'Ingrid Betancourt, avec Adair Lamprea, 2008.

Fuir l'Équateur. Une histoire de clandestins, 2007.

JEAN-PIERRE BORIS

LE ROMAN NOIR DES MATIÈRES PREMIÈRES

Édition revue et augmentée

Pluriel

Collection fondée par Georges Liébert
et dirigée par Joël Roman

Couverture : Rémi Pépin
Illustration : © Renée Comet/PictureArt/Corbis.

ISBN : 978-2-8185-0173-3

Cet ouvrage est publié en coédition avec Radio France Internationale.
La première édition est parue sous le titre *Commerce inéquitable. Le roman noir des matières premières.*

Dépôt légal : juin 2011
Librairie Arthème Fayard/Pluriel, 2010.

À la mémoire de Johanne Sutton et de Jean Hélène.

Pour Sylvie et Adrien.

INTRODUCTION

Nous avons tous sur nos étagères une tablette de chocolat ou un flacon de poivre, un paquet de café ou de riz. Ces denrées de base sont devenues banales. Des produits importants pour la vie quotidienne, dont seuls les clichés exotiques, exhumés par les publicitaires pour pousser le client à la consommation, évoquent les origines. Pourtant, comme la lampe d'Aladin, il suffit de frotter, de gratter un peu pour que surgissent mille et une histoires. Soulevez l'emballage de votre tablette de chocolat, ôtez-en le papier d'aluminium. Vous voilà en Côte-d'Ivoire, le principal producteur mondial de cacao dont la richesse et la stabilité semblent appartenir au passé. Ouvrez le flacon de poivre. Vous voilà au Vietnam, dont les paysans ont damé le pion à tous les autres producteurs de la planète et se sont emparés de ce lucratif marché.

Ces objets de consommation courante sont, avant tout, des produits agricoles. Leur qualité, leur prix dépendent du climat au-dessus des zones de production, de l'utilisation d'engrais, du soin apporté par l'agriculteur à l'entretien de son champ. De la Côte-d'Ivoire au Vietnam en passant par le Guatemala et la Birmanie où ce livre vous entraînera, les acteurs principaux du *Roman noir des matières premières* demeurent ces paysans, ces planteurs, ces producteurs. Appelez-les comme vous voudrez ! Anonymes, ils sont cependant à l'origine de puissants circuits économiques. Entre le moment où fèves de cacao et cerises de café, sacs de riz et balles de coton quittent leurs champs et leurs villages, et l'instant où ils viennent s'empiler sur les rayonnages des supermarchés, une foultitude d'intermédiaires, de transporteurs, d'exportateurs, de traders, d'importateurs, de transformateurs, de commerciaux seront intervenus. C'est au décryptage de ces circuits économiques et commerciaux, à leur évolution au fil des dernières décennies qu'est consacré cet ouvrage.

On parlera donc économie, mais aussi politique. La culture de ces produits occupe des régions entières. Des familles, par dizaines de millions, en vivent. Des pays en dépendent. Contrôler ces cultures, c'est contrôler la population, la région, parfois le pays qui va avec. Sous la charrue, le pouvoir économique et politique. L'enjeu n'est pas mince. On se bat parfois pour la maîtrise de ces champs et des hommes qui les labourent. L'affrontement peut opposer des compatriotes. Il peut opposer l'État à une multinationale venue d'ailleurs. La facilité veut que ces étrangers soient souvent accablés de tous les maux. La vulgate tiers-mondiste des années 1960, aujourd'hui reprise de la manière la plus caricaturale qui soit par la mouvance altermondialiste, fait des pays développés, des grandes entreprises qui en proviennent, des agences financières internationales les seuls responsables des malheurs qui accablent les paysans producteurs de café ou de cacao, de coton ou de riz. Bien sûr, le tsunami libéral qui se propage dans le monde fait des ravages. Bien sûr, la déréglementation des marchés pose problème quand elle s'impose, sans précaution, aux économies les plus faibles, aux administrations les moins bien préparées, aux paysans les moins formés ! Il faudrait être aveugle pour le nier. Mais tous les maux ne viennent pas de là. L'incompétence, la prévarication, la paresse des dirigeants, l'absence de cohésion nationale, voire régionale, provoquent tout aussi souvent des dégâts irréparables que la naïveté de militants charitables ayant fait du commerce équitable ou solidaire la dernière panacée à la mode est tout à fait incapable d'enrayer, ni même de corriger.

Le lecteur pourra s'interroger sur la pertinence du choix de ces cinq matières premières agricoles, cultivées dans des pays en développement. Il pourra s'étonner qu'on ne parle pas du pétrole. Outre que l'on a déjà abondamment décrit et commenté, ailleurs, les cataclysmes politiques, guerres civiles ou internationales, provoqués par la présence d'importants gisements pétroliers dans le sous-sol des nations impliquées, l'organisation du marché pétrolier semble, paradoxalement, échapper aux mutations de ce qu'on appelle la « globalisation ». Certes, la pérennité de la ressource pétrolière paraît de moins en moins assurée. Mais l'organisation du marché pétrolier n'a pas subi de modifications substantielles depuis le choc de 1973, la reprise en main de leur production par les pays du golfe Persique et la prise de pouvoir de l'OPEP. Les techniques ultramodernes utilisées pour aller chercher des hydrocarbures au fond des océans à des profondeurs de plus en plus éloignées de la surface du globe, les modèles mathématiques archi-sophistiqués employés pour assurer le financement des opérations, le rôle croissant des fonds d'investissement dans le processus de fixation des prix du brut, n'ont pas bouleversé les rapports de force entre pays producteurs et consommateurs.

Cela pourra donc sembler d'une folle incongruité. Mais, tout bien pesé, les enjeux pétroliers n'incarnent pas autant les défis du monde moderne que ne le font les questions posées par les dysfonctionnements des marchés du cacao et du café, du coton, du riz et du poivre. Au fil de six années de chroniques quotidiennes consacrées aux marchés des matières premières sur les antennes de RFI, il m'est apparu que chacun de ces produits incarnait à sa manière les mutations du monde moderne, l'antagonisme entre pays développés et pays en voie de développement, l'inexorable marginalisation de la France en Afrique et l'imparable percée des pays asiatiques. Ni manuel d'économie ni pamphlet altermondialiste, ce livre se veut donc un reportage au sein d'une économie mondiale qui mêle encore, parfois, archaïsmes et modernité.

1.

CACAO

En Côte-d'Ivoire, comme tous les ans à pareille époque, le mois de septembre 2002 venait de marquer le coup d'envoi de la récolte de cacao, principale ressource du pays. L'armée des paysans s'était mise au travail. D'est en ouest, dans les plantations gagnées au fil des années sur la forêt, des millions de mains avaient commencé à récupérer les cabosses sur les arbres. D'un coup de machette, elles seraient ouvertes puis évidées. Les fèves sécheraient pendant plusieurs jours au soleil avant d'être chargées sur les camionnettes des pisteurs, premiers des intermédiaires dans la chaîne qui, depuis cinquante ans, mène des quantités croissantes de cacao ivoirien vers les marchés mondiaux. Quelques chargements avaient déjà atteint les usines d'Abidjan et de San Pedro, les deux grands ports d'exportation. Pas grand-chose, à peine trois cents tonnes par jour. Mais les tonnages n'allaient pas tarder à augmenter et toute la filière s'y préparait. Dans leurs bureaux d'Abidjan, les dirigeants des grandes compagnies américaines et européennes qui dominaient le secteur avaient un œil sur les cours du cacao à Londres et à New York. De l'autre œil, ils suivaient avec angoisse les aléas de la vie politique ivoirienne. Jadis havre de stabilité, exemple pour tout le continent africain, la Côte-d'Ivoire avait en effet, malheureusement, fini par se mettre au diapason du reste de la région. Le 24 décembre 1999, un coup d'État avait renversé le président Henri Konan Bédié. Celui-ci avait dû fuir le pays. L'auteur du putsch, le général Gueï, n'avait pourtant pas réussi à remporter les élections présidentielles du mois d'octobre suivant. Dans un climat insurrectionnel, Laurent Gbagbo, vieux briscard de la politique ivoirienne, avait été élu président de la République. Cela ne rassurait malgré tout qu'à moitié les investisseurs étrangers qui craignaient de voir leurs activités perturbées par la situation politique. Ils avaient raison d'être inquiets.

En ce mois de septembre 2002, une insurrection était en effet annoncée à Bouaké, l'une des grandes villes du pays. *A priori*, rien de très inquiétant pour les exportateurs de fèves : cette région du nord de la Côte-d'Ivoire est pauvre, à majorité musulmane. Les sols sont trop arides pour qu'on y trouve du cacao. Les paysans y cultivent du coton. Mais le mouvement insurrectionnel prend de l'ampleur. Les mutins menacent de marcher sur Abidjan où le pouvoir du président Laurent Gbagbo semble fragile. Cependant, les rebelles mettent d'abord le cap vers le sud. Ils font route vers Daloa, Vavoua, Gagnoa. Avec leurs grandes rues au bitume mangé de nids-de-poule, leurs boutiques aux murs en bois ou en dur, ces bourgades sont ignorées de l'actualité internationale. Dans la géopolitique du cacao, elles sont, au contraire, capitales. Elles se trouvent en effet au cœur des zones de production de cacao du numéro un mondial. Toutes les entreprises exportatrices y ont un bureau et des entrepôts. Là, les succursales bancaires financent les intermédiaires, distribuent les liquidités nécessaires aux achats quotidiens de cacao. Dans les entrepôts s'amoncellent des milliers de sacs. Dans les ateliers se réparent les camions qui achemineront ensuite la marchandise vers le sud, se bricolent les motos qui permettront, par temps de pluie, de contourner les fondrières des pistes s'enfonçant dans la brousse. Prendre Daloa, c'est être en mesure de prélever des taxes, de s'enrichir, de financer sa guerre. C'est priver l'État de l'une de ses principales ressources. Le 15 octobre, Daloa, centre nerveux du cacao ivoirien et donc mondial, tombe aux mains des mutins. Tout est paralysé. Les succursales bancaires sont fermées. De son antre tout de ciment et d'antennes satellites, en short et maillot de corps, Nasser, un des innombrables intermédiaires libanais de la filière, fait le constat de la paralysie : « On n'achète plus rien. »

Les mutins veulent le cacao

Les rumeurs les plus folles circulent. Des éléments avancés des mutins seraient déjà dans les faubourgs de San Pedro où des coups de feu auraient été entendus ! San Pedro, son port en eau profonde au milieu des collines verdoyantes couvertes de cacaoyers et de caféiers. San Pedro, relié à Abidjan par une autoroute de trois cent cinquante kilomètres, naguère très roulante mais dont les quatre-vingts derniers kilomètres sont désormais si endommagés qu'il faut près de trois heures pour les parcourir. San Pedro, d'où sort la moitié du cacao ivoirien, aux mains des rebelles ? Les paysans restent terrés chez eux, tout comme les intermédiaires. Plus le moindre camion ne circule sur les routes. Plus le moindre kilo de cacao ne quitte la Côte-d'Ivoire. L'activité des exportateurs est au point mort. À un kilomètre du port de San Pedro, les usines de broyage des fèves sont paralysées. Le principal producteur mondial : aux abonnés absents ! Que vont devenir les producteurs de chocolat d'Europe ou des États-Unis ? Comment s'approvisionneront les Mars,

Cadbury, Nestlé qui sont les grands du business ? Ce que fournissent les Ghanéens et autres producteurs d'Afrique de l'Ouest, ce que cultivent les paysans indonésiens de l'île de Sulawesi, ceux de Papouasie-Nouvelle-Guinée ou les Latino-Américains ne suffirait pas. En cette année 2002, la Côte-d'Ivoire produit en effet 40 % de la récolte mondiale, environ un million deux cent mille tonnes. Elle est incontournable, irremplaçable.

Un mouvement de panique se déclenche alors sur les marchés boursiers de Londres et de New York où s'établissent les cours mondiaux du cacao. Entre les fonds spéculatifs toujours à l'affût d'une bonne affaire et les professionnels qui veulent se protéger en achetant du cacao « papier », ce qui permet de fixer le prix plusieurs mois avant sa livraison pour éviter des hausses trop importantes, c'est à qui se porte acheteur de lots de cacao. On s'arrache les contrats. Les cours explosent : 1 600, 1 800, 2 400 euros la tonne ! Plus les rebelles progressent vers les zones de production, vers le port de San Pedro et ses trois quais, plus les cours montent. Si les exportateurs font d'abord grise mine, ces mouvements à la hausse assurent la fortune d'un des principaux négociants britanniques, Armajaro. Son fondateur, Anthony Ward, grand amateur des pistes de ski alpines, a eu du nez. Considéré comme l'un des meilleurs traders de sa génération, Ward a installé sa compagnie dans un luxueux hôtel particulier des débuts du XVIIIe siècle, non loin de Piccadilly Street, dans les nouveaux quartiers peu à peu grignotés par la City londonienne. Tradition et modernité se mêlent là de façon surprenante. Devant leurs écrans d'ordinateur et leurs terminaux téléphoniques, les dizaines de traders officient dans une salle au plafond haut de cinq mètres dont les moulures sont couvertes de feuilles d'or et d'où dégringolent des lustres en cristal dignes de Versailles. Jadis, la bonne société londonienne venait danser ici. Aujourd'hui, ce sont les millions de livres sterling et de dollars qui y valsent sous l'autorité d'Anthony Ward.

Né en 1960, fils de militaire, Ward n'a rien de ces crânes d'œuf issus des meilleures universités britanniques ou américaines qui peuplent les gratte-ciel de la finance internationale. Ses études ont pris fin alors qu'il avait dix-huit ans et déjà un petit bagage de commerçant. « J'avais dix-sept ans, raconte-t-il, quand l'Amirauté britannique a cessé de distribuer des rations de rhum à ses matelots, et s'est retrouvée avec sur les bras des tonneaux dont elle ne savait que faire. » Ward les rachète par centaines, les fait scier et les vend comme bacs à fleurs. Le succès est déjà au rendez-vous. Mais ce genre de bricolage n'est pas du goût de la famille Ward. Un conseiller professionnel l'oriente vers le négoce des matières premières. Il ignore tout des *commodities* – le mot anglais. Cet homme au visage rond, aux chemises roses, aux yeux bleus, acquiert toutefois très vite les bons réflexes. « Il est naturellement enclin à penser que les cours vont monter », dit-on de lui à Londres. « Je suis naturellement optimiste, corrige l'intéressé. Mon métier est d'analyser les rapports de force sur le marché et de prendre des risques financiers en fonction des conclusions auxquelles j'aboutis. » Et les analyses de Ward sont plutôt percutantes. Au début des années 2000, il est convaincu que le marché va se trouver en déficit. On va manquer de cacao. Pour répondre à la demande future de ses clients, Ward stocke donc des dizaines de milliers de tonnes de fèves de cacao dans des entrepôts européens. Il projette aussi un bon coup, tablant sur les difficultés politiques de la Côte-d'Ivoire.

Lorsque l'insurrection de Bouaké éclate, en septembre 2002, Anthony Ward a ainsi quatre cent mille tonnes entre les mains. Il y gagnera le surnom de *chocolate fingers*, « les doigts de chocolat ». Il les lâche au moment où les cours sont les plus élevés, empochant un bonus considérable, quoique réduit par l'obligation de couvrir son jeu sur le marché physique par une position inverse sur le marché à terme. Une des règles de base de ces métiers est en effet de se protéger contre les revers de fortune, contre les erreurs d'analyse, en procédant sur le marché financier à des investissements complémentaires. Si l'on perd sur un tableau, on gagnera sur l'autre. Grâce à l'affaire ivoirienne, Ward gagne de l'argent. D'autres en perdent parce qu'ils n'ont pas su prévoir l'évolution de la situation agronomique et politique dans les plantations ivoiriennes. C'est en particulier le cas de Nestlé. La multinationale suisse a beau avoir des yeux partout, elle n'a pas su interpréter les informations dont elle dispose. Alors que la situation ivoirienne commence à se détériorer, que les cours commencent à monter, les équipes du siège social de Nestlé, à Vevey, ne croient pas à la flambée. Sur les bords du lac de Genève, les traders préfèrent attendre pour acheter. C'est l'éternelle histoire du retournement de tendance qui ne vient pas. À force d'attendre, les usines de Nestlé risquent la rupture d'approvisionnement. Force leur sera d'acheter au pire moment. Fait symptomatique de l'ambiance délétère qui règne en Côte-d'Ivoire, Ward et ses associés seront accusés par la presse d'Abidjan d'avoir financé la rébellion pour faire grimper les cours du cacao et empocher les dividendes. Offusqués, ils démentiront catégoriquement. Rien ne viendra d'ailleurs jamais étayer ces thèses diffamatoires. Mais les Ivoiriens profiteront eux aussi de la flambée des cours du cacao à Londres. La récolte 2002-2003 rapportera un milliard sept cents millions d'euros au pays. Tout le monde y trouvera son compte, les autorités et, dans une moindre mesure, les planteurs dont les revenus augmenteront d'un tiers cette année-là.

Pourtant, Daloa ne reste pas longtemps aux mains des insurgés. Les FANCI, les Forces armées de Côte-d'Ivoire, reprennent vite le contrôle de la ville. Pas question de laisser ces rebelles faire main basse sur la manne financière du cacao. Rapidement, Laurent Gbagbo reçoit le soutien du gouvernement français. Renouant avec une tradition abandonnée par le socialiste Lionel Jospin, le président Chirac n'hésite en effet pas à intervenir. Que la Côte-d'Ivoire bascule dans le désordre et c'est toute l'Afrique francophone qui serait déstabilisée ! Les troupes françaises viennent prêter main-forte au président ivoirien. Elles prennent position à Abidjan mais aussi en brousse, dessinant une ligne de démarcation entre le nord et le sud du pays. Les rebelles sont chassés des zones de production du cacao. Ils sont repoussés vers Bouaké. La production de coton ivoirienne peut bien tomber aux mains des rebelles, mais pas celle de cacao, trop importante pour l'économie du pays. Ne fournit-elle pas un emploi aux trois quarts de la population économique active du pays ? Le cacao, c'est 20 % de la richesse nationale produite tous les ans.

Pendant ce temps, au Quai d'Orsay, siège du ministère des Affaires étrangères, à Paris, on cherche à comprendre la situation ivoirienne. Une étude est confiée à un groupe d'universitaires français. On leur demande d'expliquer pourquoi la Côte-d'Ivoire en est arrivée là. Pourquoi ce « protectorat » français échappe-t-il à tout contrôle ? Pourquoi cette oasis de stabilité tombe-t-elle dans les pires travers africains, dans les pires déchirements ? Les diplomates français bousculent les universitaires. Ne connaissent-ils pas le pays depuis longtemps déjà ? Ne sont-ils pas en particulier des spécialistes de son économie, de son agriculture, de son cacao ? En un mois, le travail est donc bouclé ! Et la conclusion est sans appel : « Les réformes libérales à courte vue imposées à la Côte-d'Ivoire au cours des dernières années n'ont contribué ni à l'amélioration des conditions de vie des ruraux ni à l'endiguement de la crise urbaine. Ces réformes libérales ont contribué à délégitimer le rôle de l'État.

Elles ont laissé le champ libre aux frustrations sociales qui constituent un terreau favorable pour les dérives ethnonationalistes des années 1990. » Ces réformes, principalement la privatisation des grands secteurs de l'économie ivoirienne, n'ont certainement pas provoqué l'effondrement de la Côte-d'Ivoire. Mais elles ont accompagné, rythmé la marche vers le gouffre. Elles ont fourni des arguments de combat à ceux qui voulaient en découdre.

Vie et mort de la « Caistab »

Héritière du centralisme à la française, la Côte-d'Ivoire a bâti un État fort, avec de solides institutions. De 1960, date de l'indépendance du pays, jusqu'à sa mort en 1993, Félix Houphouët-Boigny a dirigé le pays sans partage. À la tête d'une organisation de planteurs de cacao dans ses jeunes années, « le vieux », comme on le surnomme, n'aura de cesse de faire de l'agriculture exportatrice la colonne vertébrale de l'économie de son pays ; des cabosses jaunes, rouges et orangées des cacaoyers, ses poumons ; des fèves qui en sont extraites, son sang. Les paysans sont encouragés à défricher des clairières dans la forêt. Défricher encore et toujours. Tant et si bien que, en 2000, la forêt primaire ivoirienne est en lambeaux. Dans les clairières, le pouvoir ivoirien a favorisé l'installation de la population locale mais aussi de très nombreux immigrés. Des centaines de milliers de paysans venus du Burkina Faso voisin s'installent en Côte-d'Ivoire. Ils travaillent d'abord pour le compte des Baoulés ou des Bétés, deux des ethnies du sud de la Côte-d'Ivoire. Puis ils se mettront à leur compte, jouant un rôle fondamental dans le développement économique du pays. Venus de plus loin, les Libanais aideront à mettre sur pied la chaîne d'intermédiaires qui convoient, encore aujourd'hui, les chargements de cacao de l'intérieur du pays vers les ports. Ces Libanais, souvent considérés comme les profiteurs du système, feront parfois les frais des tensions sociales et économiques qui se déclencheront à la fin des années 1990. Moins, cependant, que les paysans burkinabés, victimes des pires exactions. Mais c'est ce mélange de populations d'origines diverses qui assurera la réussite du modèle paysan ivoirien.

Au sommet de cet édifice, Félix Houphouët-Boigny s'appuie sur un organisme qui contrôle toute l'activité cacaoyère de Côte-d'Ivoire. Héritée de la colonisation française, c'est la « Caisse de stabilisation ». Pour tous les Ivoiriens, c'est la « Caistab ». Son rôle ? Maintenir l'équilibre financier de la filière, attribuer des tonnages aux exportateurs, prélever les taxes. Sur le marché international, elle garantit que les contrats de livraison conclus trois, six, neuf mois avant la récolte entre exportateurs et industriels seront respectés. La parole de l'État ivoirien est engagée. Son intervention permet d'échelonner les ventes et d'assurer un approvisionnement régulier du marché. On évite ainsi des fluctuations trop brutales des cours qui seraient difficiles à gérer. Aussi, quand les cours mondiaux procurent de gros bénéfices aux exportateurs, la Caisse en prélève-t-elle une partie. En sens inverse, quand les cours mondiaux tombent sous la ligne de flottaison, la Caisse fait des chèques. Cela permet aux exportateurs de rester à flot et aux paysans de toucher le prix fixé avant la récolte pour chaque kilo de cacao. Dans les campagnes un niveau de vie satisfaisant est assuré. Pour les détracteurs de ce mécanisme de soutien, c'est un revenu minimum qui ne tient pas compte du coût de production. C'est un prix « politique ». Sa justification économique est nulle.

Le rôle de la Caistab, marginal lors de sa création, ne cesse pourtant de prendre de l'ampleur. Elle devient l'une des institutions majeures de la vie politique et économique de Côte-d'Ivoire. Grâce à la Caisse de stabilisation qui voit tout, contrôle tout, gère tout, grâce au parti unique qui recrute parmi les cadres paysans, le président Houphouët-Boigny peut quadriller le territoire national de ses réseaux. Si nécessaire, il peut « arroser » tel ou tel groupe de population afin de calmer les impatiences. En un mot, tenir le pays.

Jusqu'en 1985, le système semble parfaitement fonctionner. Les clairières de culture se multiplient. Tous les ans, à partir du mois de septembre, les cabosses de cacao sont récoltées, coupées à la machette, vidées de leurs fèves encore gluantes. Ces fèves macèrent quelques jours puis on les fait sécher. Souvent, c'est sur une bâche au bord du chemin ou de la route, au soleil. Parfois, c'est sur la place du village, au milieu des cases, là même où les hommes se retrouvent pour parler, entourés à distance d'enfants intimidés par leurs aînés. Achetés « bord-champ », comme on dit dans le jargon local, par des « pisteurs », les sacs de cacao sont envoyés vers les magasins des « traitants », les intermédiaires, souvent libanais, qui, directement ou pas, se chargent d'acheminer la marchandise vers les usines de la capitale. Là, les sacs sont pesés, soupesés. Malheur à qui livrerait un cacao trop humide ! La marchandise serait rejetée. Puis les sacs sont vidés, les impuretés éliminées, les fèves calibrées et de nouveau ensachées pour l'exportation vers Londres, Rotterdam ou New York. À moins que ce cacao ne soit immédiatement broyé dans les usines d'Abidjan et de San Pedro où, transformé en beurre de cacao et en masse – les ingrédients de base du chocolat –, il sera conditionné avant de rejoindre les grandes unités de production de chocolat dans les pays développés.

Comme toutes les usines de la planète, mais peut-être plus qu'ailleurs, celles de Côte-d'Ivoire font se côtoyer deux mondes. Dans les ateliers du rez-de-chaussée, les ouvriers travaillent dans le vacarme et la poussière ; aux étages supérieurs, les cadres ivoiriens ou les expatriés européens, habitués des vols Abidjan-Paris ou Abidjan-Genève, promènent leur élégance et leur distinction. Encore ceux-là travaillent-ils ! Dans le système édifié par Félix Houphouët-Boigny, il n'est en effet pas nécessaire de travailler pour profiter du cacao. Il suffit d'être bien en cour. On bénéficie alors d'un « quota » de cacao, on devient un « quotataire ». Tous les ans, un tonnage est attribué aux favoris. Dix, quinze, vingt mille tonnes ou plus, selon le degré de faveur dont ils jouissent auprès des autorités. Au total, deux à trois cent mille tonnes sont ainsi distribuées. La récolte venue, il suffit d'un coup de fil aux exportateurs pour revendre ce quota, au prix fixé par la Caistab. C'est ce qu'on appelle une rente de situation. Les heureux bénéficiaires peuvent alors vivre en Europe sans se préoccuper de lendemains difficiles.

Dans les années 1960-1970, les affaires tournent à merveille. L'action de la Caistab est efficace. Les cadeaux aux amis sont sans importance. Mais la Côte-d'Ivoire produit trop. Le cacao devient une monoculture. Son poids dans l'économie ivoirienne est prépondérant. À partir de 1983, ses récoltes dépassent les demandes du marché mondial. À Londres, les cours chancellent. En 1985, la Caistab se révèle impuissante à remplir sa mission. Normalement, elle devrait verser des milliards de francs CFA pour assurer les revenus des exportateurs et des producteurs. Mais le trésor de guerre s'est évanoui ! Petits ou grands, tout le monde s'est servi ! Les revenus du cacao ont été utilisés pour arroser le pays. Les caisses noires de l'État, celles du président Houphouët-Boigny, ont été abondamment garnies. Et quand la bise vient, la cigale ivoirienne est prise au dépourvu. Dans son palais d'Abidjan, le chef de l'État ivoirien est hors de lui. Les coupables sont tout trouvés. Ils sont à l'extérieur : ce sont les exportateurs, les industriels, les traders, en un mot le marché. Félix Houphouët-Boigny ne supporte pas de voir baisser la rémunération internationale du cacao. Il sait que c'est là que se joue l'équilibre financier, économique et politique du pays. Si les cours baissent trop et durablement, il ne pourra plus tenir les campagnes. L'activité dans les villes s'en ressentira. Des cours du cacao dépend l'avenir de la Côte-d'Ivoire. Sa stabilité.

Voilà pourquoi, en 1988, Félix Houphouët-Boigny déclare la guerre au marché du cacao. Quand on produit le tiers de la récolte mondiale grâce à un organisme de contrôle aussi puissant que la Caistab, quand tous les négociants et intermédiaires internationaux se déchirent et vous mangent dans la main pour avoir vos fèves, quand les plus puissants d'entre eux sont prêts à patienter des heures entières dans l'antichambre présidentielle, il n'y a guère de doutes : on a bien une carte à jouer. Le président ivoirien décide donc d'assécher le marché, d'organiser la pénurie. Le raisonnement est simple. Si on prive les industriels de deux cent mille tonnes de fèves, le tiers des approvisionnements ivoiriens, la panique les gagnera et les cours exploseront. Ignorant les exportateurs installés de longue date à Abidjan, Houphouët-Boigny s'allie au groupe français Sucres et Denrées, plus connu sous l'acronyme « Sucden ». À l'époque, c'est l'un des fleurons du négoce international des denrées de base. Son fondateur, Maurice Varsano, a fait fortune avec le sucre cubain. En 1962, en pleine crise des fusées, il a su s'attirer les bonnes grâces de Fidel Castro : il a proposé au *lider maximo* de lui acheter son sucre à un prix supérieur à celui du marché mondial et a ainsi mis la main sur les exportations cubaines.

Vingt-cinq ans plus tard, en 1988, l'héritier de l'empire, Serge Varsano, veut renouveler l'exploit paternel. Il emporte l'affaire face à de puissants concurrents anglo-saxons. « Une vraie bagarre de mégalomanes », commentent, quinze ans après, certains des acteurs de cette aventure. Un livre, *La Guerre du cacao*, publié dès 1990 par trois journalistes français, raconte l'affaire en détail. Instruction est donnée à la Caistab de livrer quatre cent mille tonnes de fèves, soit les deux tiers de la récolte ivoirienne, à Sucden. Varsano en vend la moitié et stocke le reste pour faire remonter les cours. Un formidable coup de poker ! Malgré la déprime des cours du cacao, les deux cent mille tonnes stockées valent un milliard de francs de l'époque. Sur décision de François Mitterrand, l'État français prête son concours à la manœuvre. Une ligne de crédit de 400 millions de francs est débloquée pour financer le coûteux stockage des deux cent mille tonnes de fèves. L'argument officiel est bien connu : contribuer à restaurer les finances ivoiriennes, aider un vieil ami dans une mauvaise passe.

Hélas, en cette année 1988, Félix Houphouët-Boigny n'a plus la baraka. C'est un homme vieillissant, arc-bouté sur ses convictions. Quant à Serge Varsano, le patron de Sucden, il n'a ni le talent ni la compétence de son père. Il connaît bien le marché du sucre où l'on raisonne en dizaines de millions de tonnes, mais pas celui du cacao où des transactions sur quelques dizaines de milliers de tonnes peuvent tout faire basculer. La réaction du marché est aux antipodes de ce qui était prévu. Les traders n'entrent pas dans le petit jeu du palais présidentiel et de Sucden. Non seulement les cours du cacao ne remontent pas, mais, semaine après semaine, mois après mois, ils continuent à baisser. Le plus inexpérimenté des courtiers aurait d'ailleurs pu expliquer aux deux joueurs de poker ce qui allait se passer : le cacao était dans les hangars. Tôt ou tard, il faudrait qu'il en sorte. Pourquoi ne pas attendre pour acheter, de manière à faire baisser les cours, rendre la situation intenable à la fois pour les Ivoiriens et pour les Français de Sucden ? C'est ce qui se passe. Houphouët-Boigny et son supplétif rendent les armes. Ils livrent le cacao au prix qu'en veut le marché. Pour Sucden, c'est le début de la fin. Pour la Côte-d'Ivoire, c'est un mauvais calcul.

Les ardeurs de la Banque mondiale

C'est surtout un tournant historique. Car l'industrie américaine du chocolat, Mars, la compagnie la plus secrète qui soit, Hershey, Cadbury, prend alors conscience de l'intérêt de contrôler directement le cacao ivoirien. L'ambassadeur américain à Paris ne s'en cache pas : « Nous voulons le cacao ivoirien », affirme-t-il publiquement. Coïncidence, JAG, l'un des fleurons de la filière ivoirienne, est à vendre. Les Français tentent de s'en emparer. Un montage financier est mis au point avec le Crédit Lyonnais et la Société générale. Mais on a beau être une banque française, les gros clients sont prioritaires. Parmi eux, l'américaine Cargill, l'une des principales multinationales de l'industrie agroalimentaire mondiale. Cargill souhaite s'installer sur le marché ivoirien du cacao. Les Américains voient dans la participation de la Société générale au rachat de JAG par des intérêts français un « geste inamical ». Les dirigeants de la banque française se retirent donc du montage financier. L'opération échoue. Les ennuis français en Côte-d'Ivoire commencent.

Parallèlement, la Banque mondiale et le Fonds monétaire international font monter la pression sur la Caistab. Ils veulent la pousser vers plus de transparence, plus d'ouverture, ce qu'on appellera plus tard « la bonne gouvernance ». La situation économique de la Côte-d'Ivoire se dégradant, surtout après la disparition de Félix Houphouët-Boigny en 1993, Abidjan ayant un besoin croissant des grands créanciers internationaux pour boucler ses fins de mois, l'emprise de la Banque mondiale et du FMI est chaque jour plus grande. Comme en Argentine, comme au Mexique, ces institutions exigent des réformes pour assainir les finances publiques. En Côte-d'Ivoire, elles obtiennent d'abord la libéralisation du secteur de l'énergie, puis des importations de riz. Mais ce que veulent avant tout les deux sœurs de Washington, c'est la réforme de la principale filière du pays : le cacao. En un mot, elles veulent éliminer la Caistab !

Les plus pugnaces des adversaires de la Caistab travaillent à la Banque mondiale. « Postez-vous à la sortie du parking de l'immeuble de la Caistab, recommandaient-ils fin 1998. Et voyez le nombre incroyable de luxueuses Mercedes qui en sortent à la fin de la journée de travail. » Les hommes de la Banque mondiale voyaient dans ce défilé de limousines la preuve éclatante des dérives du système. Ces Mercedes, c'étaient autant de milliers de dollars qui n'allaient pas dans les poches des paysans. Le système était vicié à la base puisque l'État ivoirien s'était fait cleptomane et que les fonctionnaires se servaient au lieu de servir !

En fait, le système était d'une prodigieuse opacité. La Caistab n'avait pas moins de cinquante-huit comptes en banque ! En 1999, les experts de la société d'audit international Andersen passent la comptabilité de la Caisse au crible. Au lieu d'un déficit annoncé de 30 millions de francs français, pour le premier trimestre de l'année en cours, ils découvrent un excédent de 230 millions ! 260 millions de francs se sont donc envolés vers des comptes en banque privés, probablement numérotés. La corruption des fonctionnaires et des dirigeants ivoiriens est une donnée de base du système. « On gagnait un fric monumental grâce à la Caisse de stabilisation, dit un trader très présent en Côte-d'Ivoire à l'époque. On pouvait parfaitement trafiquer les dates des documents d'achat du cacao, en fonction des cours mondiaux, avec la complicité des fonctionnaires de la Caisse. Cela permettait d'empocher des marges énormes. » « Je me rappelle, dit encore ce négociant, avoir versé cinq millions de dollars de pots-de-vin aux gens de la Caistab. » En règle générale, les sommes ainsi détournées étaient réparties entre trois bénéficiaires : un tiers pour le patron de la Caisse de stabilisation, un tiers pour le président de la République, un tiers pour le négociant. À partir de 1994, sous la pression des bailleurs de fond, un système d'enchères négociées se met en place. Théoriquement, il doit permettre plus de transparence. En réalité, c'est une machine à fabriquer des pots-de-vin. Pour débloquer la marchandise, il faut fournir un formulaire officiel, portant plusieurs signatures. La dernière est celle du ministre des Matières premières, Guy Alain Gauze. Les fraudes sont innombrables. Certaines compagnies utilisent la même marchandise pour garantir plusieurs emprunts bancaires ! L'une d'entre elles obtient ainsi un emprunt de 200 millions de francs français en surévaluant l'importance de ses stocks.

La situation a de quoi irriter les économistes de la Banque mondiale et du FMI soucieux du respect des règles de bonne gestion. Mais aucune provocation ne leur est évitée. Ainsi, au moment précis où démarrent les négociations entre la Banque mondiale et le gouvernement ivoirien, le principal exportateur du pays, Sifca, très lié au président Henri Konan Bédié, présente des bordereaux d'exportation portant sur plusieurs dizaines de milliers de tonnes. Ce cacao est déclaré de grade 2, c'est-à-dire de basse qualité. Les taxes douanières en sont réduites d'autant. Mais une main anonyme adresse une volumineuse liasse de documents aux négociateurs de la Banque et du FMI. La fraude sur la qualité y est minutieusement décrite. Les fèves de cacao exportées sont en réalité de grade 1. Les économies réalisées aux dépens de l'État ivoirien vont directement dans la poche des dirigeants de Sifca et de la douane. Cette affaire contribue à radicaliser, si besoin en est, le point de vue des équipes de la Banque mondiale et du FMI et à envenimer le climat des négociations.

En mai 1997, le démantèlement de la Caisse de stabilisation est officiellement proposé par les dirigeants de la

Banque mondiale. Les Ivoiriens réagissent mal. Les négociations entre les représentants des bailleurs de fonds et ceux de la Côte-d'Ivoire se déroulent parfois dans un climat très houleux. « Les Ivoiriens, raconte un des négociateurs, avaient la mauvaise habitude de nous convier à des réunions vers 18 h 30. Ils étaient toujours en retard. Certains d'entre eux n'étaient pas très au courant des dossiers. Ils ne comprenaient pas tout et se vexaient quand on leur faisait remarquer qu'ils avaient raté un train. » Mais rapidement, dès le mois de juillet, lors d'une réunion à la Primature – les bureaux du Premier ministre –, la Côte-d'Ivoire donne son accord à la réforme voulue par la Banque mondiale. Le président de la République, Henri Konan Bédié, cède aux pressions des bailleurs de fonds qui le tiennent. Sans l'argent de la Banque et du Fonds, la Côte-d'Ivoire est asphyxiée. Or le président ivoirien a besoin de fonds pour préparer la campagne électorale présidentielle. Il veut battre par tous les moyens son adversaire de toujours, l'ancien Premier ministre Ouattara. Bédié troque donc le sort de la principale filière économique du pays contre quelques picaillons qui lui permettront de mener campagne. Il ne sait pas alors que cette concession sera vaine et qu'il n'en tirera pas profit.

Aux côtés des représentants de la Banque mondiale, on trouve certains exportateurs étrangers installés à Abidjan. Ils veulent la mort de la Caistab ? Quoi de surprenant ? Se passer du carcan de la Caistab, pouvoir commercer librement : le rêve ! C'est ce que pense Jean Fontier, patron de Tropival, filiale locale du puissant groupe britannique ED & F Man. Alors âgé d'une quarantaine d'années, Fontier est un métis né au Congo-Kinshasa. Expert en cacao, il procède lui-même à toutes les opérations d'achat et d'expédition des fèves. Il n'ignore aucune des ficelles du métier. À l'époque président du Groupement des exportateurs, c'est un homme influent, écouté à Abidjan. Son anticonformisme comme son libéralisme affiché le distinguent de beaucoup de ses collègues exportateurs. Nombreux en effet sont ceux qui plaident pour le maintien du système de stabilisation. « Il y a des dérives ? Changez les hommes, mais gardez les structures. Elles sont indispensables à la Côte-d'Ivoire », tel est leur raisonnement. Ces négociants, souvent français, sont convaincus que le cacao est le ciment de la Côte-d'Ivoire. Que le paysan producteur se trouve à cent ou à six cents kilomètres de l'usine de broyage ou du port d'embarquement, il reçoit la même rémunération pour sa récolte. Le coût du transport n'est pas discriminant. Il n'a pas d'impact économique. C'est la garantie d'une harmonie sociale. Pour un pays dont la production agricole est la principale ressource, le système de stabilisation semble effectivement, malgré les dérives, une assurance économique et politique.

Mais ce discours ne passe pas. Il émane de gens – pour la plupart des Français – qui ont travaillé très étroitement, pendant des décennies, avec les Ivoiriens. Ils en sont les compagnons de route. Ils apprécient la douceur de vivre de ce pays, l'accueil extraordinaire qu'ils y reçoivent. Ils y passent souvent leurs vacances, mélangeant harmonieusement vie privée et professionnelle. À leurs yeux, cette harmonie, ce bonheur de vivre sont en partie le résultat du système économique en vigueur. D'où l'importance de le maintenir malgré les perversions. Mais cette position se heurte au mur de la Banque mondiale. « On nous accusait de vouloir préserver une chasse gardée. Nous étions face à des idéologues, affirment ces hommes d'affaires. Nous parlions à l'océan », autant dire dans le vide.

Pourtant, ce discours mesuré, loin du radicalisme de la Banque mondiale, trouve un appui international. C'est celui de l'Union européenne. Installés au Plateau, le quartier des affaires d'Abidjan, à quelques pas de l'ambassade de France, les représentants européens critiquent tout aussi sévèrement que leurs collègues de la Banque mondiale les dérives du système. Comme eux, ils veulent supprimer les structures corrompues et écarter les hommes qui les dirigent. Mais l'Europe souhaite malgré tout maintenir un système de garantie des prix pour les paysans. Vu l'importance politique et économique du cacao pour la Côte-d'Ivoire, il semble évident aux yeux des Européens qu'il faut continuer à pouvoir échelonner les ventes tout au long de l'année. On évite ainsi la baisse des prix au moment de la récolte. Cela passe par la centralisation des informations et des décisions, aux mains d'un organisme privé assez fiable pour inspirer confiance aux acheteurs. Qui serait assez fou à Paris, Genève, Rotterdam, Londres ou New York pour s'engager à acheter des milliers de tonnes de cacao au mois de mai, quand la marchandise ne sera disponible qu'en octobre, sans une confiance totale dans les vendeurs ? Avec la confiance, tout redeviendrait possible. On pourrait continuer à planifier les ventes, tenter de contrôler le marché. Et on pourrait indiquer à l'avance aux paysans ce que sera leur rémunération.

Hélas ! ce combat sera vain comme seront vaines les dernières manœuvres ivoiriennes. Courant 1999, certains secteurs du gouvernement tentent, discrètement, de mettre au point un plan de retour à la stabilisation. Grand, beau parleur, arborant montre et bracelet en or, le tutoiement facile, Guy Alain Gauze, le ministre ivoirien des Matières premières, est aux commandes. Comme beaucoup, il s'interroge sur les modalités du passage au nouveau système et prend la mesure de ses conséquences. Les problèmes que pose la disparition programmée de la Caistab sont diablement concrets. Comment vont réagir les paysans, sans le repère des prix garantis fixés à l'avance ? Comment seront-ils informés des cours du cacao ? Qui les approvisionnera en engrais ? Qu'en sera-t-il des relations avec les intermédiaires, les pisteurs, les traitants ? Le ministre Gauze est pourtant obligé de reculer. Un froncement de sourcils de la Banque mondiale et du FMI suffit à faire rentrer le récalcitrant dans le rang. La Caistab disparaîtra. Et encore plus vite que prévu. En principe, c'est pour octobre 1999. Mais la Caistab, comme un boxeur sonné, s'écroule avant la fin du combat. Les traders ont eu sa peau ! Dès le mois de janvier 1999, les cours du cacao se sont effondrés. Dans toute la boucle du cacao, ainsi appelle-t-on la principale zone de production, la récolte est abondante. Les hangars regorgent de marchandise. Les traders anticipent la libéralisation des exportations de cacao. La Caistab disparue, chacun va pouvoir dicter son prix : les traders aux exportateurs, les exportateurs aux intermédiaires et les intermédiaires aux paysans. D'un marché à terme, où achats et ventes sont planifiés des mois à l'avance, on va passer à un marché « *spot* », où les contrats se négocient quand la denrée est disponible, quand le producteur doit absolument vendre. La disparition annoncée de la Caistab élimine un élément de stabilité. Londres et New York achèteront au fur et à mesure de l'arrivée de la marchandise dans les usines, ou dans les villages. Or, en cette saison 1998-1999, avec une récolte abondante et un organisme de régulation condamné, il n'y a plus aucun frein à la logique de marché. Conséquence, au plus fort de la période de récolte et d'exportation, quand les files de camions avec leurs chargements de fèves s'allongent à l'entrée des usines, près des ports d'Abidjan et de San Pedro, les traders réduisent de manière drastique les cours.

Les dirigeants de la Caistab n'ont pas vu venir le coup. Banzio Dagobert, le directeur général de l'époque, a annoncé pour la saison des prix d'achat confortables. Les élections présidentielles sont dans deux ans et le pouvoir veut continuer à faire comme si... Prisonnière de son rôle, puisqu'elle est toujours en place pour quelques mois et contrainte d'assurer aux paysans comme aux exportateurs un revenu garanti, la Caistab vend donc moins cher qu'elle n'achète ! Elle est obligée de débourser 800 francs français de l'époque pour chaque tonne de cacao exportée. À raison d'un million de tonnes, cela fait cher la politique de soutien agricole ! Ni la Caisse ni le Trésor ivoirien n'en ont les moyens. Pour stopper l'hémorragie, les fonctionnaires ivoiriens ne voient qu'une parade : ils bloquent les exportations de cacao. Ils n'accordent plus de certificats d'exportation. Les entrepôts des zones portuaires d'Abidjan et de San Pedro explosent de cacao ! Il ne s'agit plus comme à l'époque d'Houphouët-Boigny de faire monter les cours. On cherche juste à sauver ce qui peut l'être. La situation n'est pas tenable. En brousse, le prix garanti n'est plus qu'une fiction. La traditionnelle autorité de la Caistab est bafouée. Les exportateurs imposent leur prix, celui du marché mondial. Au Plateau, dans les bureaux de la Caisse, on compte les points. Finalement, faute de pouvoir changer la réalité, le président Konan Bédié, pâle successeur de Félix Houphouët-Boigny, finit par s'y soumettre. En août 1999, il enterre définitivement près d'un demi-siècle d'histoire économique et politique. La Caistab est morte. Elle ne fera plus la pluie et le beau temps dans les campagnes ivoiriennes. Reste un organisme croupion censé enregistrer les ventes, donner les agréments aux sociétés exportatrices. Une fonction normative, juridique, mais où la politique économique n'a plus guère de place. C'est la « Nouvelle Caistab ».

Les Américains prennent le pouvoir

Les paysans ivoiriens abordent cette nouvelle phase dans un état proche de la panique. Ils ont raison d'avoir peur. Car ils seront les premiers à payer les pots cassés de la transition d'une économie agricole administrée vers une économie libérale. Tout se fait dans la plus grande précipitation, pire, dans l'improvisation. Ils n'ont eu droit qu'à des bribes d'informations sur les changements à venir. Aucune organisation sérieuse n'a été mise sur pied. Les promesses de la Banque mondiale – « Vous recevrez un plus grand pourcentage du prix mondial » – sont bien jolies. Encore faudrait-il que le prix mondial soit rémunérateur ! Or, la chute des cours a été très brutale. Fin 1999, première année de la libéralisation, les planteurs ivoiriens perçoivent 2,50 francs par kilo de cacao vendu. Deux fois moins qu'un an auparavant. Par crainte d'une explosion sociale, le gouvernement ivoirien tente de dissimuler la situation et rabroue les journalistes qui en font état. Le début de la récolte coïncide en effet avec la rentrée scolaire. Dans beaucoup d'écoles de campagne, les salles de classe sont à moitié vides. Parmi les élèves présents, rares sont ceux qui ont cahiers et livres, tant leurs parents sont démunis. Les paysans se sentent lâchés. « Si j'en avais les moyens, dit Jérôme N'Gorankro, un paysan de la région de Gagnoa, au cœur des zones de plantation, à trois heures de route d'Abidjan, je brûlerais mes sacs de cacao. Plutôt les brûler que de les vendre à ce prix-là ! » Assis sur la place du village, au milieu des anciens, N'Gorankro fait le récit des avanies subies ces derniers temps : la baisse des prix, le sentiment d'être abandonné du gouvernement, les huissiers qui le harcèlent car il ne peut payer les engrais... Ancien instituteur, Jérôme N'Gorankro a repris les quelques hectares de l'exploitation familiale à la mort de son père. Aujourd'hui, les ressources lui manquent pour payer la main-d'œuvre. « Que la Banque mondiale envoie ses représentants dans toutes les régions du pays pour constater les dégâts ! » s'exclame-t-il. Mais Jérôme N'Gorankro ne détruira pas ses sacs de cacao. Il n'en a ni le courage ni l'envie. Comment détruire le résultat de plusieurs mois de labeur ? Comment se résoudre à les voir partir en fumée ? Et dans quel but ? Le dépit n'est pas le meilleur conseiller. Alors, comme nombre de ses collègues planteurs de la région de Gagnoa, Jérôme N'Gorankro entasse ses sacs dans un petit appentis. Ils attendront là que les cours remontent un peu.

Si les paysans font grise mine, les grandes compagnies étrangères, elles, s'installent séance tenante. Cargill arrive la première avec une usine à San Pedro, une autre dans les faubourgs d'Abidjan, soit 50 millions de dollars d'investissement. Une bagatelle pour un pareil monstre. Forte de ses 100 000 salariés, Cargill est un géant du négoce des céréales et de la transformation des oléagineux. Les marchés mondiaux du blé, du maïs, du soja, du coton n'ont pas de secret pour les équipes de Minneapolis, dans le Minnesota, où la compagnie a son siège. Contrôlée depuis sa fondation à la fin du XIXe siècle par la famille Cargill, l'entreprise est formidablement puissante aux États-Unis. Ses équipes sont aussi implantées en Europe, en Chine ou en Amérique latine, dans une soixantaine de pays au total. Chez Cargill, on gravit les échelons un à un. La communication externe y est si contrôlée que ses détracteurs accusent l'entreprise de fonctionnement sectaire. Bien vite, une autre compagnie américaine, Archer Daniel Middland (ADM), également puissante sur les marchés céréaliers et oléagineux, s'invite au festin. À vrai dire, cet actionnaire minoritaire de Sifca, entreprise ivoirienne de 10 000 salariés et principal exportateur de cacao dans les années 1990, profitera des pratiques déstabilisantes de sa rivale Cargill.

Les acheteurs de Cargill ne restent pas claquemurés dans leurs bureaux à air conditionné. Ils se rendent directement dans les champs. Et, dès la récolte de septembre 2000, ils surpaient le cacao. Quand il vaut 2,50 francs le kilo, ils en offrent 2,80 francs voire 3 francs. L'effet est immédiat. Les prix de vente du cacao montent brutalement. La brousse « flambe ». Plus personne ne veut vendre en dessous de ces prix. Chez Sifca, le mastodonte ivoirien, les dirigeants sont partagés entre l'aigreur et la fureur. Ils ne peuvent pas suivre la politique des Américains. Ils ont vendu par anticipation plusieurs gros tonnages de fèves à des industriels américains ou européens, en tablant, suivant leur habitude, sur un prix d'achat en brousse relativement faible, libéralisation et belle récolte obligent. Sifca, entreprise très proche du pouvoir ivoirien (le président Henri Konan Bédié en était l'un des principaux actionnaires), n'est pas en mesure de réagir. Comment acheter 400 francs CFA un kilo de cacao qu'on a déjà vendu à 350 ? Les banques refusent de suivre une telle politique. Sifca, comme tout le système de commercialisation ivoirien, est à l'agonie.

L'actionnaire américain minoritaire, ADM, n'aura qu'à rafler la mise et à s'emparer de l'entreprise. Cela n'arrêtera pas la flambée des prix en brousse. Ces entreprises américaines ne sont pas de simples chargeurs. Elles ne se contentent pas d'exporter des fèves à l'état brut. Elles en transforment aussi une partie sur place. De gros investissements ont été consentis. Pas question de laisser les équipements tourner à vide. Elles vont s'employer à acheter des fidélités en brousse, à mettre la main sur des réseaux d'intermédiaires qui achemineront le cacao vers leurs usines. Pour les concurrents locaux, c'est une politique de la terre brûlée. Au niveau où en sont les cours mondiaux, sans le soutien d'une multinationale, sans accès à un crédit bon marché, sans maîtrise des techniques financières et boursières les plus sophistiquées, impossible de suivre les prix imposés par Cargill et ADM. Rares sont les exportateurs ivoiriens qui résisteront. Les grandes banques françaises installées à Abidjan depuis toujours et qui étaient les financiers traditionnels du système de régulation renâclent de plus en plus à prêter aux petites structures locales. Au temps de la Caistab, elles avaient confiance : l'État garantissait les livraisons de cacao, les contrats étaient honorés, quoi qu'il arrive. Mais maintenant ?

Comment être sûr que les petites coopératives ou les entreprises ivoiriennes seront à même de livrer le cacao et de rembourser les banques ? Le charme est rompu. Finie la confiance. Le climat est trop incertain, les interlocuteurs trop fragiles, l'investissement trop hasardeux. Conséquence, les entreprises exportatrices purement ivoiriennes disparaissent.

La partie est d'autant plus inégale que les deux grandes multinationales américaines bénéficient d'un atout de taille. Cargill et ADM sont en effet des entreprises industrielles. Parce qu'elles exportent du cacao à l'état brut, mais surtout parce qu'elles en transforment, en Côte-d'Ivoire même, trois cent mille tonnes, les deux compagnies, ainsi que la suisse Barry Callebaut, bénéficient de très importantes ristournes fiscales. L'objectif initial de l'État ivoirien était de transformer le maximum de cacao possible sur place. En principe, cela devait générer de l'emploi et des plus-values dans le pays. En réalité, cela fournit à ces multinationales des ressources supplémentaires pour acheter le cacao en brousse, au détriment de toutes les entreprises concurrentes. Les emplois créés sont peu nombreux, une cinquantaine par usine de broyage. En revanche, les multinationales assoient chaque jour un peu plus leur contrôle sur la filière ivoirienne du cacao.

Mais Henri Konan Bédié n'aura pas le temps de constater les effets de la libéralisation sur la situation économique du pays. Renversé, il part pour la France. Une fois aux affaires, son successeur, le général Gueï, nomme un « monsieur Cacao ». Diplômé de Supélec à Paris, d'économie à Stanford, en Californie, Patrick Achi vient de passer dix ans chez le consultant international Andersen. Il a déjà réformé le marché ivoirien de l'électricité. Il s'attaque maintenant au cacao. La partie est difficile. D'un côté, la Banque mondiale tient à sa libéralisation. De l'autre, des leaders paysans autoproclamés veulent contrôler les ressources de la filière. Entre les deux, le gouvernement, qui a besoin de remplir les caisses de l'État.

Une réorganisation à la hussarde

Très vite, Achi comprend que la disparition d'un interlocuteur de référence, un interlocuteur unique capable de garantir à la fois les livraisons de cacao et leur paiement, est une catastrophe. Peu importe le nom de l'institution. Mais, pour assurer aux paysans un revenu régulier prévisible, il faut pouvoir vendre les fèves à l'avance. Or, seule une institution adossée à l'État ou dotée d'un capital très important est en mesure de certifier aux exportateurs, aux acheteurs internationaux qu'ils pourront s'approvisionner. Patrick Achi sait que tout retour en arrière vers une stabilisation publique est exclu. Même la solution privée est difficilement réalisable. Sans un capital de 300 millions de francs français, la structure à laquelle il pense ne sera pas crédible sur le marché mondial. Pour inspirer confiance, il faut confier la gestion des fonds de la filière à une banque internationale. Mais comment réunir rapidement ces 300 millions de francs ? HSBC, la banque de Hong Kong, songe un moment à avancer les fonds. Face aux obstacles et à l'instabilité politique, elle recule. Reste une seule solution : faire cotiser les paysans. Leur expliquer la situation, les convaincre. Patrick Achi prend son bâton de pèlerin. De bourgade en bourgade, de village en village, de campement en campement, de plantation en plantation, il argumente. Et partout la réponse des paysans est la même : pas question ! Pas question de donner de l'argent !

Finalement, l'État impose son point de vue. Une Autorité de régulation du café et du cacao est mise en place. Elle sera financée par un prélèvement sur chaque kilo de cacao sortant de brousse. Une Bourse du café et du cacao sera chargée d'organiser la commercialisation extérieure. Encore faut-il dissoudre la Nouvelle Caistab, cet organisme croupion qui maintient des emplois inutiles. Les actionnaires, dont des représentants paysans, comme le personnel font de la résistance. Gueï se fâche. Les fonctionnaires de la Caistab ont volé l'État, détruit les documents comptables qui auraient permis de retracer l'histoire financière de la Caisse. Achi a chiffré les détournements à 600 millions de francs sur les trois dernières années. Pour en finir, le général-président fait convoquer les dirigeants de la Caistab à la présidence de la République. La porte de la salle de réunion est gardée par des bérets rouges de l'armée ivoirienne. « C'est pour assurer votre sécurité », dit-on aux « invités » qui ont un quart d'heure pour convoquer un conseil d'administration. Il se tiendra trois jours plus tard dans un chahut indescriptible et entérinera la disparition de la Nouvelle Caistab. Parallèlement, afin d'associer les paysans à la gestion du cacao, Patrick Achi demande aux dirigeants des coopératives, dans les trente-deux départements du pays, d'organiser l'élection de leurs représentants. Ainsi naîtra l'ANAPROCI, l'Association nationale des producteurs de cacao de Côte-d'Ivoire. Son président, Henri Amouzou, se veut le principal porte-parole des paysans ivoiriens producteurs de cacao. Or, les coopératives ivoiriennes ne fédèrent que le quart des producteurs. Les trois quarts des planteurs, indépendants, sont livrés à eux-mêmes. Sans qu'ils aient été consultés, l'ANAPROCI parle en leur nom.

Il faudra cependant plus d'un an et demi pour mettre en place les nouvelles structures imaginées par Patrick Achi. Entre-temps, le général Gueï disparaît de la scène politique. Il perd les élections présidentielles du 22 octobre 2000. Malgré ses efforts pour se maintenir à tout prix, malgré les violences commises dans Abidjan, la rue le force à se retirer. Les affrontements paralysent le pays. Les exportations de cacao sont interrompues. Au large de San Pedro, un cargo attend de pouvoir embarquer 8 000 tonnes de fèves. Peine perdue. Plus rien ne descend de brousse. Pourtant, à Londres, sur le marché mondial, personne ne s'affole. Loin de faire exploser les cours, la Bourse internationale du cacao tourne aussi au ralenti. La raison en est simple. Les industriels ont fait leurs comptes. Ils ont dans leurs entrepôts de Rotterdam, de Genève ou de New York l'équivalent de onze mois de consommation de cacao. Largement de quoi tenir en attendant que les paysans ivoiriens quittent « leur arbre à palabres », se remettent au travail et recommencent à livrer leur précieuse marchandise.

En brousse, on ne fait pas que palabrer. Les violences inter-ethniques ont refait leur apparition. À la tête d'exploitations maintenant revendiquées par les Ivoiriens, les paysans d'origine burkinabé sont pourchassés, parfois massacrés. La haine est à tous les carrefours. « On les chasse et il n'y a plus personne pour faire le travail », se lamente Sylvain Orebi, l'un des exportateurs français installés à Abidjan. De son bureau parisien du quartier de l'Opéra, tout de boiseries et de cuir, Orebi enregistre la dégradation de la situation ivoirienne. Il constate à quel point la concurrence des Américains a rendu les achats difficiles en brousse. Après des décennies de présence, la maison Orebi se retire donc peu à peu de Côte-d'Ivoire. Au lieu des 40 000 tonnes exportées traditionnellement par sa compagnie, à peine 4 000 le seront pendant la saison 1999-2000. Et Sylvain Orebi jure ses grands dieux que plus jamais il n'investira un centime en Côte-d'Ivoire. Il fusionne, bon gré, mal gré, l'association française du cacao qu'il préside avec sa sœur jumelle britannique et se retire totalement du négoce du cacao. Il rachètera un petit torréfacteur de café au Havre, commerce assurément moins « sportif » que d'acheter du cacao en Côte-d'Ivoire. Fin 2004, à une ou deux exceptions près, plus aucune entreprise française de négoce du cacao n'opère en Côte-d'Ivoire.

Sur le terrain, la flambée des prix, dopés par l'installation des multinationales, se révèle finalement assez relative et surtout très passagère. Les prix ne semblent élevés que par rapport aux cours mondiaux. Mais pour les paysans, les revenus baissent. « En 1987, calcule un exportateur français, il fallait à un paysan ivoirien deux années de travail sur une plantation de cacao de dix hectares pour s'acheter une Peugeot 404. À l'orée du XXIe siècle, pour s'offrir une voiture de même valeur, le planteur devra travailler dix ans sur une plantation de cent cinquante hectares. » C'est ce qu'en langage savant on appelle « la dévalorisation des termes de l'échange ». Un négociant international estime que la disparition de la Caisse de stabilisation a fait baisser le prix mondial de la tonne de cacao de 450 euros en moyenne. « À niveau de stock égal, dit-il, les courbes sur les trente dernières années sont implacables. Il y a une chute manifeste des cours depuis 1998. C'est que les producteurs ivoiriens sont comme le marchand de poisson le vendredi soir quand il n'a pas vendu grand-chose dans la journée, poursuit ce familier de la Côte-d'Ivoire. Il doit se débarrasser de son stock ou bien le poisson va pourrir. Sur le marché du cacao, tout le monde sait dorénavant que le 1er octobre de chaque année, la Côte-d'Ivoire a un million de tonnes à vendre et qu'elle ne peut pas les stocker. Elle est en position de grande faiblesse. »

L'argent du cacao, nerf de la guerre

Mais, face à cette difficile réalité, Lucien Tape Doh, Henri Amouzou et quelques autres, les nouveaux dirigeants de la filière cacao, élus par les planteurs au terme du processus imaginé par Patrick Achi, n'ont souvent ni les compétences ni l'expérience qui leur permettraient d'assumer le rôle qui est le leur. Par exemple, ils imaginent qu'en barrant les routes pour empêcher le cacao de sortir, ils feront monter les cours internationaux. Tout juste feront-ils monter la tension artérielle de quelques exportateurs. Courant 2001, les dirigeants du pays tentent de mettre sur pied un plan de rétention et de destruction des fèves de cacao. De concert avec le Cameroun et le Nigeria, les Ivoiriens veulent procéder à l'élimination de 250 000 tonnes de fèves. Toujours la volonté de faire remonter les cours, de ne pas s'en laisser compter par le marché mondial, par les estimations des traders de Londres ! On y réfléchit quelques mois, le temps de réunir deux conclaves intergouvernementaux qui ne débouchent finalement sur rien : pour détruire 250 000 tonnes de fèves, il faut d'abord les acheter aux paysans. Cela revient cher et le résultat n'est pas assuré. L'idée est abandonnée aussi vite qu'elle avait surgi. D'autant qu'elle ne semble plus correspondre aux intérêts des dirigeants paysans.

En août 2001, ces leaders touchent en effet au but. Le nouveau président, le socialiste Laurent Gbagbo, est aux affaires depuis dix mois. Officiellement, il suit les pistes tracées par Patrick Achi. Des structures privées, dirigées par les représentants des paysans et par ceux des exportateurs, organiseront le travail, octroieront les licences d'exportation, géreront les taxes parafiscales. Le 2 août 2001, à l'heure du déjeuner, tout ce petit monde se réunit dans un des grands hôtels de Yamoussoukro, capitale officielle du pays et ville natale de l'ancien président Houphouët-Boigny, pour la première assemblée générale de la Bourse du café et du cacao. L'enjeu est d'importance. Il s'agit d'organiser la principale filière économique du pays, de savoir qui la dirigera, qui gérera les fonds, qui signera les chèques. Un peu de l'avenir de la Côte-d'Ivoire se joue ce jour-là !

Deux ans après la dissolution de la Caisse de stabilisation, c'est l'acte deux de la refondation d'une économie libéralisée. Le gouvernement entend cependant placer ses hommes aux postes clés. Personne d'autre que le gouvernement ne doit contrôler les ressources du cacao, estime-t-on autour de Laurent Gbagbo. Aussi le directeur de cabinet du ministre de l'Agriculture est-il dépêché à Yamoussoukro, avec pour mission de se faire élire directeur général de la Bourse du café et du cacao. Il fait stipuler que la BCC sera d'office dirigée par le directeur de cabinet du ministre de l'Agriculture. Côté paysans, c'est le tollé. Les insultes fusent. Le directeur de cabinet du ministre de l'Agriculture sort sous les huées. Il ne reviendra plus. Le gouvernement ivoirien n'a pas réussi à prendre le contrôle de la filière. Dès lors, dans la salle de réunion de l'hôtel Président de Yamoussoukro, ne restent que deux camps : les planteurs et les exportateurs. Pour les planteurs, c'est le jour de gloire. Eux qui n'ont jamais eu voix au chapitre, eux qui, par leur travail, ont enrichi les intermédiaires libanais et la bourgeoisie d'Abidjan, ils sont aujourd'hui aux portes du pouvoir économique. Hier ignorés, méprisés, bafoués, ils seront demain des hommes de pouvoir, des notables, des personnalités influentes. Ils seront syndicalistes et géreront aussi les fonds prélevés auprès des paysans. Ils seront incontournables.

Encore faut-il compter avec les grands exportateurs présents dans cette salle de Yamoussoukro. Ils sont huit. Huit Blancs qui, aux yeux des paysans ivoiriens, représentent le monde extérieur, celui des grandes entreprises, de la Bourse de Londres ou de New York, des financiers. L'affrontement est inévitable. Les représentants paysans exposent leurs exigences. Ils veulent tout le pouvoir ! Sans partage ! Pour les exportateurs, c'est inacceptable. Ils se concertent et d'un bond se lèvent, sortent, claquent la porte. Pas question de céder aux objurgations des planteurs. Il faudra plusieurs heures pour les ramener à la table de négociation. Mais les planteurs ont gagné. Ils contrôlent les postes clés, désignent le président, le directeur général de la Bourse du café et du cacao. Ils règnent sans partage. Pourtant, rien n'est réglé. Au fil des mois, les incidents entre paysans et exportateurs se multiplient. Les paysans veulent par exemple fixer un prix d'achat du cacao qui s'imposerait à tous. Les exportateurs ne veulent pas en entendre parler. Seul le marché doit fixer les cours. Les exportateurs concèdent cependant la création d'un prix indicatif. Encore faut-il que les dirigeants de Cargill ou d'ADM le jugent raisonnable.

De son côté, le gouvernement n'a pas renoncé à mettre la main sur les taxes parafiscales, soit des dizaines de milliards de francs CFA, des centaines de millions d'euros. Un Fonds de régulation et de contrôle, le FRC, doit être créé parallèlement à la BCC. Pas question pour Laurent Gbagbo de se laisser piéger une nouvelle fois. Le conseil d'administration de cette nouvelle structure est donc constitué à la hussarde. Il n'y aura pas d'assemblée constituante. Désignés par le gouvernement, les administrateurs sont convoqués individuellement au cabinet du ministre de l'Agriculture afin d'entériner la nomination des dirigeants, de simples hommes de paille. Pour donner le change, le gérant d'une petite coopérative de l'est du pays est associé à la nouvelle équipe.

La géographie du cacao ivoirien est donc structurellement conflictuelle. Chacun des pôles de pouvoir, l'État, les paysans, a sa structure et le carnet de chèques qui va avec. Les sommes qui circulent sont très importantes. Cela permet de caser des amis, d'avoir de beaux salaires et de belles voitures, de voyager. La libéralisation de la filière, voulue par la Banque mondiale, a débouché sur un chaos organisationnel. Les paysans ne sont pas mieux rémunérés qu'avant : avec les taxes prélevées par l'État et par les organismes professionnels nouvellement créés, plus de la moitié des revenus générés par la production de cacao est ponctionnée. Fin 2003, les impôts et les taxes sont supérieurs à ce que perçoivent les paysans.

Les prix internationaux ont en effet baissé mais pas le montant des taxes. Ce n'est plus la Caistab, organisme central, qui pille le pays et les paysans. Chacun le fait à sa mesure, à sa manière, pour servir ses intérêts du moment. À l'occasion d'une nouvelle période de tension politique, les villageois fidèles au président Gbagbo ont installé des barrages sur les routes qui relient les zones de production à Abidjan et San Pedro. Armés de pétoires et de bâtons, ils arrêtent les camions chargés de fèves et rackettent les chauffeurs. Pour se prémunir contre la disparition de marchandise, les exportateurs organisent des convois de camions. Les barrages se multiplient. Les maîtres du bitume font évoluer le montant de leurs « prélèvements » en fonction de l'évolution des cours mondiaux du cacao. Quand une journée suffisait pour rallier les ports, il en faut désormais trois ou quatre. L'économie ivoirienne est désorganisée. Bien sûr, dans cette ambiance délétère, on dénonce la corruption chez les autres. Des torrents de boue circulent, salissant l'image que les citoyens ivoiriens se font de leurs dirigeants et de la démocratie dans leur pays. C'est en permanence *Règlement de comptes à OK Corral.*

Dès juillet 2002, un an après la création des nouveaux organismes de gestion des revenus du cacao, un rapport d'audit met en lumière les malversations qui ont cours à l'ANAPROCI, l'association des producteurs. Le rapporteur, haut fonctionnaire ivoirien du Contrôle d'État, l'équivalent des inspecteurs des Finances français, a rédigé ce rapport à la demande du président Laurent Gbagbo. Celui-ci, sous la pression des bailleurs de fonds internationaux, veut faire taire les critiques adressées à son pays pour la mauvaise gestion de ses finances. Malheureusement, les conclusions du rapporteur, François Kouadio, sont loin de répondre aux attentes du pouvoir politique. Dressant la longue liste des organismes publics, privés ou semi-publics créés en trois ans, le rapporteur constate que leurs rôles ont été mal définis, que leurs compétences s'enchevêtrent. Ajouté à l'absence de véritable structure représentative du monde agricole, ce flou a rendu possibles les pires dérives. Henri Amouzou, président de l'ANAPROCI, a fait main basse sur les ressources de la filière afin de racheter une entreprise d'exportation de cacao. La filière café-cacao du pays est passée sous la coupe d'un groupe de trente-deux personnes, les trente-deux délégués départementaux inventés par Patrick Achi qui se partagent les postes au sein des divers organismes de gestion du cacao. Le rapport ne recevra pas le sceau officiel de l'État.

Le document est pourtant communiqué aux ambassades occidentales par le consultant Guy-André Kieffer, en principe chargé à Abidjan d'aider les autorités à réformer la filière cacao dont il est un spécialiste. Ancien journaliste du quotidien économique parisien *La Tribune*, d'origine canadienne, Guy-André Kieffer est indigné par les malversations dans la filière. Il en fait une affaire personnelle. Enquêteur-né, il dispose d'informations explosives glanées dans les cercles dirigeants ivoiriens. À Paris, les rédactions font la sourde oreille : les tensions entre Washington et Bagdad, puis bientôt la guerre, focalisent l'attention. Kieffer fait paraître ses informations dans la presse d'Abidjan. Souvent, elles dérangent. Quand le climat devient trop tendu, il se réfugie au Ghana voisin... jusqu'au 16 avril 2004, date à laquelle cet amoureux de la Côte-d'Ivoire disparaît après un rendez-vous avec un proche de la famille du président ivoirien. De son côté, le contrôleur François Kouadio n'est pas en reste. Il a droit à une bastonnade en règle et doit pendant de longs mois se terrer, changeant de domicile chaque soir, pour échapper aux menaces de mort. Les détournements n'en sont pourtant qu'à leurs débuts.

Le magot a disparu

En juin 2003, alors que les cours du cacao s'effondrent sur les marchés mondiaux, que la filière réclame à cor et à cri la compensation des baisses de revenus des producteurs, le FRC, qui en a la charge, peut tout juste débloquer 30 petits millions d'euros, sur les 200 millions collectés jusque-là. Le reste, 170 millions d'euros, s'est évaporé ! Personne ne saura jamais où ils sont passés. Quelques semaines plus tard, les dirigeants de la filière ivoirienne du cacao, tous représentants théoriques des paysans, reconnaissent sans vergogne qu'une partie des capitaux du FRC, 15 millions d'euros, a été versée à la présidence de la République pour participer au maintien de la sécurité dans le pays. En clair, les fonds théoriquement destinés à maintenir la vie des paysans ont permis au président Gbagbo d'acheter des armes afin de lutter contre la rébellion installée au nord du pays. Ce n'est cependant qu'une goutte d'eau dans l'océan. Entre janvier 2001 et juillet 2003, les divers organismes de gestion du cacao ivoirien, tous contrôlés par les associations de planteurs, ont drainé la bagatelle de 450 millions d'euros. Alors 15 millions, quelle importance ?

Cette affaire entraînera pourtant en juillet 2003 un nouvel audit international des comptes. Soucieux de voir bien géré ce secteur clé de l'économie ivoirienne, la Banque mondiale, le Fonds monétaire international, l'Union européenne ne pourront que constater les dégâts. Comptabilités incomplètes, pièces manquantes, registres non tenus, écritures douteuses ! Bien mieux ! Cette enquête, réclamée officiellement par le ministère de l'Économie et des Finances de Côte-d'Ivoire, aura à surmonter d'innombrables obstacles. Les enquêteurs, spécialistes issus des grands cabinets internationaux, trouveront souvent porte close. Ils ne pourront pas pénétrer dans les bâtiments hébergeant les institutions du cacao ivoirien. « Ce n'est pas parce que les producteurs ivoiriens ont remis une importante somme d'argent au président de la République pour défendre les braves populations ivoiriennes qu'on doit nous imposer un audit ! » explique en août 2003 le président de la Bourse du café et du cacao, Lucien Tape Doh.

En revanche, les fournisseurs d'armes ne se cachent guère. En février 2003, une mystérieuse société d'origine luxembourgeoise, Gambit, fait son apparition sous les traits d'un Français au long et sinueux parcours africain, Christian Garnier. Sans cesse entre l'Afrique et l'Europe à bord d'un Falcon affrété par sa compagnie, il prétend vouloir acheter à terme 80 % de la récolte ivoirienne ! D'ores et déjà, Garnier aurait signé quelques contrats avec une poignée de coopératives. Elles s'engagent à lui livrer l'intégralité de leur production. En échange, Garnier et Gambit leur assurent des revenus trois fois supérieurs à ce que rapportent les ventes aux grandes multinationales. Une proposition de rêve, mais totalement irréaliste. Peu importe. Garnier ne se cachait pas de vouloir acheter ainsi un droit d'entrée dans le pays. Son objectif avoué était de fournir des armes au président Gbagbo. Mystérieusement, le tour de piste de Gambit et de son représentant africain Christian Garnier fait long feu. Ce petit monde interlope disparaît rapidement de la scène ivoirienne. Mais cette tentative illustre bien l'état du pays.

Un peu plus tard, une trentaine de millions d'euros venus de Côte-d'Ivoire sont repérés aux États-Unis. Très exactement à Fulton, petite ville de l'État de New York, qui traverse une sérieuse crise économique. Il y a pénurie d'emplois, les délocalisations font des ravages. Nestlé est l'une des dernières entreprises à avoir mis la clé sous le paillasson. Depuis 1902, elle broyait des fèves de cacao dans une grande usine blanche. Au-dessus de la porte d'entrée, un énorme panneau rouge signale la présence de la multinationale suisse. Mais les locaux sont vides : les dirigeants de Nestlé ont estimé que ce site industriel ne correspondait plus aux impératifs du marché moderne. Trop loin des ports, il exige de transporter les fèves par camion ou par train. C'est un coût qu'il faut éviter. Fulton a aussi le tort d'être trop éloigné des grands centres de consommation. Le rythme d'activité de l'usine baisse peu à peu. Dans les parages, les odeurs de chocolat sont de plus en plus discrètes. Le nombre d'employés fond à vue d'œil. Nestlé cherche un repreneur. Toutes les grandes compagnies chocolatières installées aux États-Unis viennent faire le tour du propriétaire. Leur jugement est sans appel. Nestlé a raison de partir. De plus, les équipements de l'usine sont vieillots et obsolètes. Finalement, plutôt que de traîner ce boulet, Nestlé cède les locaux pour 100 dollars symboliques à la municipalité de Fulton. Coup de chance : le patron d'un fonds d'investissement californien a vent de l'histoire. Coïncidence : ce capitaliste est d'origine ivoirienne. Il prend contact avec les autorités d'Abidjan qui flairent la bonne affaire. Le ministre des Finances ivoirien et le conseiller aux affaires industrielles du président Gbagbo se rendent sur place et décident de foncer. Le conseiller du président s'installe à Fulton où il devient le patron d'une nouvelle entreprise : « New York Chocolate Confections Company ». L'objectif affiché est des plus ambitieux. Il s'agit de broyer sur place 150 000 tonnes de fèves de cacao. Plus de 10 % de la production ivoirienne !

Selon Jean-Claude Amon, le conseiller présidentiel, cet investissement va « rompre le cercle vicieux du sous-développement ». Autrement dit, en installant une usine sur le territoire américain, les producteurs ivoiriens de cacao vont réaliser une magnifique affaire. Non contents de suivre l'antienne de nombreux économistes qui conseillent aux pays du tiers monde de transformer les matières premières avant de les exporter, pour accroître leurs gains, les Ivoiriens vont le faire sur le territoire de l'adversaire. Ils vont investir au cœur de la grande puissance impérialiste ! Peu importe que les sommes utilisées sortent des caisses du Fonds de régulation et de contrôle qui n'a pas du tout cet objectif ! Peu importe que le conseil d'administration et la direction de ce FRC soient à la solde du gouvernement et ne disposent d'aucune légitimité ! « Rompre le cercle vicieux du sous-développement » ne suppose-t-il pas quelques sacrifices ?

Quant aux dirigeants américains de l'Agence de développement industriel du comté d'Oswego qui se trouvent au cœur de la manœuvre, ils sont trop heureux de voir quelques dizaines d'emplois sortir de la hotte de ces Pères Noël ivoiriens. Le sénateur démocrate de l'État de New York, Charles Schumer, n'a-t-il pas promis des subventions ? Un million de dollars tout de suite, seize si les quatre cents emplois sont réellement créés. Hillary Clinton elle-même s'est réjouie de cette installation. Et qui, dans une Côte-d'Ivoire au bord de la guerre civile, irait se soucier du rapatriement éventuel des bénéfices ? Pourquoi faudrait-il rendre des comptes aux paysans ivoiriens dont les cotisations sont utilisées pour réduire le chômage américain ?

Épilogue

Six ans après avoir poussé à la réforme, les dirigeants de la Banque mondiale dressent un constat accablant de la situation. Comme au premier jour, ils continuent à dénoncer la mainmise de l'État et d'une petite élite paysanne sur la manne cacaoyère, à travers « une multitude d'institutions inutiles qui abusent des prélèvements parafiscaux ». Pour eux, la libéralisation reste à faire. Les mesures adoptées de 1998 à 2004 n'ont pas amélioré le niveau de vie des paysans. Ils continuent à percevoir une part infime du prix mondial du cacao. La corruption atteint des niveaux inégalés. En septembre 2004, on semble toucher le fond. Les innombrables détournements auxquels se sont livrés les dirigeants de la filière ont vidé les caisses. Les paysans attendent en vain les quelques dizaines de milliards de francs CFA, fruits de leurs cotisations, qui auraient dû permettre de préfinancer la récolte. Les producteurs se rebellent, manifestent, refusent de livrer leur production. Non plus pour protester contre la baisse des cours mondiaux mais pour obtenir de leurs dirigeants le versement des aides qui leur étaient dues. Mais l'argent a servi à acheter les avions de chasse gouvernementaux qui, début novembre 2004, partent en fumée, détruits par l'armée française après la mort de neuf soldats de la force Licorne, censée s'interposer entre les rebelles et les forces gouvernementales.

La disparition de la Caisse de stabilisation a donc introduit un élément supplémentaire de déstabilisation dans un pays peu à peu conduit par ses dirigeants vers une situation explosive, comme en témoignent les graves événements du début de novembre 2004, avec le départ de plusieurs milliers de ressortissants français et la paralysie, une fois de plus, des exportations de cacao. Dans ce sombre panorama, un seul élément positif : même aux pires moments de la vie politique du pays, le cacao a continué à sortir de brousse. Mieux encore, la production devrait continuer à augmenter, signe selon les agronomes d'une « révolution verte » dans le secteur du cacao ivoirien. C'est que six ans de désordre n'ont pas encore rayé de la carte la classe moyenne paysanne ivoirienne. Héritage des années Houphouët-Boigny, elle est bien éduquée. Ses compétences agricoles sont réelles. Malgré les aléas, elle parvient encore à faire tourner la principale filière économique du pays. Cela ne durera pas éternellement. Pendant ce temps, de l'autre côté de la frontière, au Ghana où la situation politique est stable, où la production de cacao augmente également de manière considérable année après année, on se prépare à prendre le relais pour le jour où, à force d'incompétence, de malversations et de divisions, la Côte-d'Ivoire aura réussi à détruire la belle machine à produire du cacao et des richesses mise au point au début des années 1950.

2.

CAFÉ

Par une froide soirée hivernale, réunies pour une fête familiale, Francine et Nicole, deux alertes septuagénaires parisiennes, en vinrent, entre mille autres sujets brûlants, à déplorer la qualité du café qu'elles consommaient depuis quelque temps. « L'autre jour, commenta Francine, j'en ai été réduite à jeter un paquet de café de grande marque. Il n'avait aucun goût. » Nicole opina du chef. Plus portée sur les cafés solubles, elle constatait elle aussi que ses petits sachets ne dégageaient plus la saveur d'antan. Sylvie se mêla à la conversation. Les « petits noirs » servis dans son restaurant favori n'avaient plus leur arôme habituel. Pourtant, le restaurateur jurait ses grands dieux n'y être pour rien. Son fournisseur n'avait pas changé et ses percolateurs étaient régulièrement entretenus. Toutes trois avaient raison. En Europe, de nombreux consommateurs font le même constat et réduisent leurs achats de café. En Allemagne, la consommation a baissé de 3 % en 2003. Les grandes multinationales de la torréfaction, les organisations de pays producteurs et consommateurs sont conscientes du problème et tentent d'y faire face. Cependant, la principale raison de la dégradation de la qualité du café produit ces derniers temps est difficilement maîtrisable : c'est la baisse des cours mondiaux du café.

Au début des années 2000, le prix international du café atteint des niveaux jamais égalés auparavant. À la Bourse des matières premières de New York, où l'on cote les cafés les plus fins, les arabicas d'Amérique latine, le kilo ne vaut pas plus de 50 cents de dollar, la moitié du coût de production. À Londres, où l'on cote les robustas d'Afrique et d'Asie, la tonne atteint la barre des 400 dollars : incroyable quand on sait que les cultivateurs ne gagnent leur vie qu'au-dessus des 1 200 dollars. Dans un premier temps, les experts de l'Organisation internationale du café déclarent que les prix sont à leur plus bas niveau depuis trente ans. Puis ils reprennent leurs calculettes et constatent qu'en dollars constants, les prix sont les plus faibles depuis un siècle. En clair, depuis qu'on tient une comptabilité plus ou moins exacte de l'évolution de ces prix, ils n'ont cessé de décliner. Le graphique représentant ce déclin tient moins de la courbe que de la diagonale partant du coin supérieur gauche d'un rectangle vers le coin inférieur droit. En dollars constants, l'appauvrissement est également constant. Produire du café ruine les paysans. Chaque grain de café récolté est un pas de plus vers la faillite et la misère. Dans ces conditions, pas question d'investir le moindre sou dans l'achat d'engrais ou de pesticides ! Pas question de passer des heures à arracher les mauvaises herbes au pied des arbustes ! Pas question de se battre pour obtenir un bon produit ! On travaille mal le ventre vide. Arrive un moment où l'on cesse de travailler et, à Paris, sans le savoir, Francine et Nicole subissent le contrecoup de cette crise mondiale des cours du café.

Alors que le monde financier et les médias n'ont d'yeux que pour la flambée de la nouvelle économie et ses *golden boys*, dans la plus grande discrétion, la crise du café a frappé partout. En novembre 2002, les producteurs du Kilimandjaro au Kenya voient leurs revenus chuter de plus de 50 %. En Éthiopie où, selon la légende, au XIIIe siècle, quelques moines intrigués par l'agitation qui s'était emparée de leurs chèvres après qu'elles avaient croqué quelques baies rouges et vertes, découvrirent les vertus dopantes de cette nouvelle plante, les caféiculteurs ont perdu 40 % d'un pouvoir d'achat déjà ridiculement faible. Au lendemain d'une guerre avec l'Érythrée qui a saigné les finances publiques des deux pays, l'Éthiopie a donc vu ses revenus à l'exportation, ses recettes en devises chuter de moitié : voilà de quoi conforter la place de choix qu'elle a toujours occupée au hit-parade des pays les plus misérables de la planète. En Asie, les productions indonésienne et indienne souffrent de la même manière. On en parle moins car l'économie de ces pays ne dépend pas des seules exportations de café.

Amérique centrale : la catastrophe

Nulle part, cependant, la crise n'a été aussi manifeste, aussi brutale qu'en Amérique centrale. La baisse des cours du café y a généré chômage et misère, faillites et drames. Car la production de café joue un rôle central dans la vie économique de cette région. En décembre 2002, tout au long de l'isthme centraméricain, du Chiapas mexicain – où, en 1989, lors de la précédente crise, la chute des cours avait fait basculer de nombreux paysans vers la guérilla zapatiste – jusqu'à Panama, les ouvriers agricoles ont entamé leur lente pérégrination sur les pentes douces des régions caféières. D'octobre à janvier, ils travaillent sous la ligne des mille mètres. C'est là qu'on trouve les arabicas de qualité moyenne. Il faut attendre janvier pour voir l'armée des péones passer au-dessus des mille mètres et arracher les cerises de haute qualité de leurs arbustes.

Mais ces ouvriers agricoles sont de moins en moins nombreux dans les plantations. Au Honduras, le café faisait traditionnellement vivre une centaine de milliers de producteurs. Comme les cours ne couvrent plus les coûts de production, gros producteurs surendettés ou salariés agricoles au statut par définition précaire, tout le tissu social est déstabilisé. La situation pousse beaucoup de jeunes à fuir vers les villes, vers la capitale, Tegucigalpa, où ils vont grossir les rangs des crève-la-faim. Certains ne s'arrêtent pas là et, de bus brinquebalants en camionnettes poussives, tentent de passer les frontières vers le nord, vers l'eldorado américain. Certains d'entre eux réussiront leur migration. D'autres, moins chanceux, seront arrêtés ou, pire encore, mourront de soif et de faim en traversant le terrible désert de l'Arizona. Au Nicaragua voisin, les ouvriers agricoles sont chassés des terres où ils étaient installés. Les plantations tombent à l'abandon et plusieurs dizaines de milliers de pauvres hères bourlinguent misérablement le long de la route panaméricaine, bloquant parfois la circulation dans un geste de désespoir vain. Au Salvador, la situation n'est pas plus brillante. Les exploitations agricoles, ou *fincas*, n'emploient plus que 50 000 ouvriers agricoles. Il y en avait 160 000 à la fin des années 1990. En 2003, la production et les exportations chutent de 40 %. Pour tenter de survivre, la filière doit s'endetter à hauteur de 340 millions de dollars, soit quatre fois les recettes générées par la récolte 2002. Au total, selon les données des agences internationales, en ces années de crise, un million de personnes en Amérique centrale sont au bord de la famine.

À peine sorti de quarante années d'une guerre civile qui a laissé 200 000 morts sur le carreau, le Guatemala n'échappe pas à la règle. Principal pays d'Amérique centrale, si l'on excepte le Mexique, le Guatemala a, de tout temps, fourni aux connaisseurs un café d'une grande finesse.

D'Antigua, l'ancienne capitale, ou des bords du lac Atitlán, le café guatémaltèque est toujours aussi demandé. Jamais les exportations n'ont cessé. Au plus fort des régimes militaires, pendant que l'armée traquait la guérilla et réprimait les populations indiennes, les affaires continuaient. La culture du café joue un rôle clé dans la structuration politique, économique et sociale du pays. Présider la Fédération des producteurs de café du pays peut ouvrir la voie à une carrière politique de haut vol. Le président Berger, élu à la magistrature suprême en 2003, n'a pas eu à passer par là. Grand propriétaire terrien, gros producteur de café, pour échapper à la crise, il a fait arracher tous ses arbustes. Là où croissaient tous les ans des cerises de café, se dressent maintenant dans un rigoureux alignement des rangées d'hévéas ou de bananiers. D'une activité traditionnelle, faite de main-d'œuvre et de travail méticuleux, il est passé à une agriculture qui exige de gros moyens. Malheureusement, la frange des producteurs de café guatémaltèques capables d'un tel revirement, d'un tel investissement, est très réduite. Ils sont à peine 200 sur les 60 000 à posséder les capitaux nécessaires. Les autres, tous les autres, sont obligés de subir la crise.

Comment faire quand on est aux abois, à l'exemple de Tito Morales, producteur de café de père en fils depuis si longtemps que l'arbre généalogique semble avoir pris racine dans les plantations ? La quarantaine harassée, fourbue, Morales, à la tête d'une exploitation d'une quarantaine d'hectares, doit, comme beaucoup d'autres, supporter un endettement colossal. Pour faire tourner l'exploitation quand les cours du café ne suivent pas, quand il faut continuer à payer les ouvriers afin d'entretenir les terres, l'emprunt est inévitable. Les banques se font de plus en plus tirer l'oreille. Elles savent le métier de moins en moins rémunérateur, et ces clients-là de moins en moins solvables. Souvent les planteurs ne sont même plus reçus par les directeurs des succursales. Alors, pour sauvegarder l'exploitation familiale, pour conserver le statut de patron, pour préserver un mode de vie qui fut celui de son père et de son grand-père, Tito Morales va et vient en permanence entre ses terres et Guatemala Ciudad, la capitale, où résident ses créanciers.

Le principal d'entre eux opère au fond d'une bicoque des beaux quartiers de la grande ville. Rançon de l'insécurité ambiante, un garde armé d'un fusil à pompe au canon scié est posté dans une casemate à l'entrée du jardinet qui entoure la maison. Président de l'Association des exportateurs de café dans les années 1980, don Lorenzo occupe une vaste pièce climatisée meublée de quelques canapés usés par les ans et d'un fauteuil à bascule, dans lequel il passe le plus clair de ses journées. Sur le bureau, l'ordinateur relie don Lorenzo au monde extérieur. L'abonnement aux informations économiques de l'agence Reuters lui permet de suivre en temps réel l'évolution des cours du café à la Bourse de New York. La cinquantaine affable et volubile, don Lorenzo, alias Laurent Vidal, guatémaltèque d'origine française, exporte du café d'Amérique centrale depuis plusieurs décennies. Son métier : acheter le moins cher possible, revendre avec le bénéfice maximum pour le compte d'une petite multinationale d'origine salvadorienne, Coex. Acheter à bas prix ne pose guère de problèmes par les temps qui courent. Les producteurs auxquels il achète habituellement leur café sont lessivés par plusieurs années de crise. Leurs comptes bancaires sont dans le rouge. Les crédits inaccessibles. Alors, don Lorenzo prête, avance les fonds pour payer les engrais, les salariés, l'école des enfants, l'essence de la voiture.

Courant 2002, la poignée de planteurs qui le fournissent lui doivent la bagatelle de 14 millions de dollars. Parce que la crise du café se poursuit, parce que les cours restent trop bas pour en vivre décemment, Tito Morales et ses collègues ne peuvent rembourser. Régulièrement, comme on va au supplice, ils passent donc devant la casemate d'où émerge le fusil à pompe, traversent le jardinet qui ceinture la maison et viennent s'effondrer dans les canapés au tissu élimé. Installés là comme pour approcher le bourreau, ils commentent leur situation critique pendant que don Lorenzo pianote sur les touches de son ordinateur. On sirote un café. Dans la pièce, tout le monde connaît les règles du jeu, leur violence et leur inéluctabilité. « Si tu ne paies pas, tu es saisi », menace don Lorenzo. On peut ainsi croiser aux terrasses des bistrots chics de Guatemala Ciudad les anges déchus de grandes familles du café. La crise précédente ou l'antépénultième a ruiné le clan. Les terres sont parties, vendues par la banque ou par un créancier vorace. Ne restent plus que les souvenirs de grandeur, quand on pouvait prendre l'avion pour passer la fin de la semaine à Miami, et l'envie de tâter encore du café, d'aller là-bas dans une *finca*, à l'autre bout du pays peut-être, acheter quelques sacs qui seront sûrement les meilleurs qu'ait vus l'exportateur auquel on les a promis.

Le sort des péones, des ouvriers agricoles, est bien plus misérable. Souvent payés à la tâche, au panier, ils ne gagnent guère plus de 2 dollars la journée. Pour aller plus vite, pour faire plus de paniers, on emmène les enfants aux champs et on les fait travailler. Parfois, une rébellion éclate. Renouant avec la grande tradition latino-américaine des occupations de terres, une centaine de familles s'empara à la fin de l'année 2001 d'une *finca*, en Alta Verapaz, au centre du Guatemala. Paraphrasant sans le savoir le Mirabeau de la Révolution française – « Nous ne sortirons que par la force des baïonnettes » –, ils proclamaient : « Nous ne sortirons d'ici que morts. » Mais vivants, l'étaient-ils encore à leur arrivée, ces modestes journaliers dont les parents et les grands-parents avaient retourné pour le compte du patron les mêmes terres depuis des décennies ? L'étaient-ils encore, ces enfants sous-alimentés et mal scolarisés, puisqu'on les chassait, puisqu'on les licenciait au motif que là-bas, à New York, les cours du café s'étaient effondrés ?

N'avaient-ils pas raison de se révolter, eux qui en avaient la possibilité, puisque leurs frères, leurs cousins, leurs voisins descendus comme tous les ans avec femmes et enfants vers les exploitations du sud du pays pour gagner quelques quetzals, quelques dollars, qui permettraient à grand-peine de survivre le reste de l'année, s'en étaient retournés Gros Jean comme devant et condamnés au silence ? À l'arrivée du bus qui les amenait de leur village natal vers la plantation, après vingt-quatre heures de route, le patron leur avait fait comprendre qu'il n'y avait pas de café à récolter, pas de travail, pas d'argent. Comment comprendre, puisque les cerises étaient sur les arbres à portée de main ? Alors, plutôt que de s'en retourner vers une misère assurée, certains proposaient de rester sans paie, avec la nourriture et le gîte assurés. Mais même cela, c'était trop pour le patron. Comment nourrir deux cents ouvriers, plus leurs familles, quand les banquiers étaient à la porte de l'exploitation prêts à la saisir ?

Même au Costa Rica, réputé pays le plus riche, le plus stable, le plus européen de la région – bien qu'il soit en réalité très américain –, la crise du café provoque d'énormes dégâts. Dans un univers régional fait de coups d'État, de rébellions et de massacres, le pays a fondé son développement relatif, son incontestable stabilité politique, sur le développement du café. Les premiers arbustes apparaissent dès les années 1830 puis se multiplient grâce au succès des exportations. Pour faciliter le transport des sacs de café vers les ports, depuis des zones de plus en plus reculées, de plus en plus éloignées des pistes carrossables, le gouvernement de San José favorise l'importation de charrettes à quatre roues. Toutes les familles paysannes se lancent dans le café. Dès 1840, grâce à la richesse générée par les exportations, la capitale, San José, se développe. Apparaissent une université, un théâtre municipal, l'hôpital San Juan de Dios et un palais présidentiel, symbole de la République du Costa Rica. Achille Bigaud, peintre français, devient le portraitiste des barons du café. La construction du chemin de fer démarre en 1890. En 1933, les Costaricains créent leur première agence de régulation de l'activité caféière.

La Seconde Guerre mondiale met un coup d'arrêt à cet élan. Privés de leurs marchés européens, les exportateurs de San José sont prisonniers de leurs clients nord-américains. Le quintal de café, soixante kilos dans le monde anglo-saxon, vaut 15 dollars pendant tout le conflit alors que les coûts de production et de commercialisation sont largement supérieurs. Partout où l'on produit du café en Amérique latine, la situation économique se détériore. Les pays latino-américains protestent officiellement auprès des autorités américaines qui leur opposent une fin de non-recevoir. Après la guerre, seul le plan Marshall mis sur pied par les Américains pour redresser l'économie européenne en ruine, en améliorant le niveau de vie, permettra une augmentation de la consommation européenne de café et une hausse du niveau des prix chez les producteurs. Mais le répit sera de courte durée. En 1958, les cours s'effondrent de nouveau en raison d'un excès de production.

Don Fernando Felipe Teran est l'héritier de cette histoire. Il en témoigne derrière les grilles de la *finca*, la propriété familiale. Une fois passé un garde armé d'un pistolet bien en évidence, on grimpe doucement un chemin bordé d'une pelouse soigneusement tondue. Un peu plus haut, le long de l'allée, les maisons du personnel sont toutes de bleu et de blanc, les couleurs du domaine. Encore quelques pas : voilà le *beneficio*, le centre d'usinage du café. C'est là que le café est trié, lavé, séché, ensaché et stocké, jusqu'à l'exportation, dans des hangars aux taux d'humidité strictement contrôlés.

Ici sont produits tous les ans environ 10 000 sacs de café, peu de chose en réalité, qui partent aux quatre coins du monde. Grâce à leur qualité universellement reconnue, grâce aux talents de négociateur du maître des lieux, les arabicas de don Fernando se vendent deux fois le prix de la Bourse de New York.

Pourtant, malgré ces prix de vente exceptionnels, en ces années de crise, les coûts de production ne sont pas couverts. Don Fernando est obligé de réduire les dépenses. Afin de limiter les frais, on a donc espacé les épandages d'engrais. On économise l'eau : on arrose le sol, pas les arbustes. Contrairement à la tradition locale, on laisse pousser des arbres pour protéger les plantations du soleil. À l'ombre des branches, il y a moins de mauvaises herbes et les coûts de main-d'œuvre sont réduits. Les maisons du personnel, protégé par une législation sociale très avancée pour la région, ne sont plus aussi fréquemment repeintes. En outre, don Fernando a été obligé de disperser certaines des terres de la propriété familiale. Les plus proches de la capitale ont été transformées en lotissements immobiliers. Car, tout autour de San José, la pression démographique fait monter les prix du foncier. Le béton rapporte plus que le café. Mais sous le béton, le café ne repousse plus.

Tout au long de l'isthme centraméricain, les problèmes économiques nés de la baisse des cours du café menacent la stabilité politique de ces démocraties fragiles. Au Costa Rica, les citoyens, les responsables politiques s'inquiètent de la pérennité du système démocratique en place. Le mécanisme de répartition des richesses entre les différentes classes sociales, fondement de cette stabilité politique, pourrait ne pas survivre à l'effondrement des cours du café. Au Guatemala, en quelques années de crise, les pires inquiétudes sont devenues réalité. Le pays se remet à peine de quatre décennies de guerre civile. Les régimes militaires les plus brutaux se sont succédé sans discontinuer, opprimant les populations indiennes, majoritaires dans le pays, traquant les groupes de guérilla d'extrême gauche, réprimant sans pitié les défenseurs des droits de l'homme. Prix Nobel de la paix, Rigoberta Menchu a encore fort à faire. La violence gangrène toujours la société. Privés de revenus, souvent à cause de la crise du café, les plus misérables des Guatémaltèques basculent dans la délinquance. Les touristes, nombreux dans ce beau pays, sont les cibles privilégiées des gangs. Le gouvernement s'en inquiète, met des forces de police en nombre croissant sur les itinéraires touristiques. Mais aucun cordon policier n'empêchera jamais la pauvreté et la misère de trouver un exutoire. Jadis république bananière, dictature abonnée aux régimes militaires les plus sanglants, le pays n'est pas encore devenu démocratie caféière.

Le hold-up vietnamien

Fin 2004, à New York, les cours du café commencent à remonter. Pourtant, ils restent inférieurs aux coûts de production. Les paysans d'Amérique centrale n'ont donc certainement pas fini de souffrir. Les entrepôts débordent en effet de grains de café. Les stocks sont assurés pour de nombreux mois de consommation. Ils permettent aux grandes entreprises torréfactrices de gérer leurs achats au jour le jour et de faire baisser les prix. Et pourquoi les stocks sont-ils si bien garnis ? La réponse est simple : parce que la production est pléthorique.

Les principaux producteurs et exportateurs mondiaux, les Brésiliens, récoltent de plus en plus de cerises de café. En 2002, leur cueillette atteint un niveau inégalé : 50 millions de sacs. C'est près de la moitié de la production mondiale. Le Brésil est au café ce que la Côte-d'Ivoire est au cacao ! Mais quand les producteurs ivoiriens installent leurs plantations dans des zones gagnées illégalement sur la forêt, quand leur stratégie est guidée par des impératifs de survie, les Brésiliens agissent méthodiquement, scientifiquement. Ce ne sont pas des groupes de paysans sans terre partis créer de nouvelles zones de culture. Ce sont des chefs d'entreprise soutenus par des banques, parfois par l'État, en contact avec les organisations professionnelles, tenus au courant des évolutions du marché mondial et qui procèdent à des investissements massifs. Bref, les producteurs de café brésiliens sont au cœur d'une vaste organisation, dont l'objectif est d'assurer leur suprématie sur le marché mondial. Au cours des années 1980, lassés de subir les vagues de gel qui s'abattaient sur leurs plantations, ces exploitants en sont venus à la conclusion qu'il leur fallait déplacer les zones de culture de l'État du Parana, au sud du pays, vers les États de Minas Gerais et de São Paulo, plus au nord. Ainsi, ils échappent au froid intense, responsable à de nombreuses reprises de la destruction de leurs récoltes. De plus, le recours aux techniques agronomiques les plus sophistiquées augmente les rendements. Les niveaux de production sont plus stables, les quantités disponibles pour l'exportation plus prévisibles, ce qui n'exclut pas les variations dues aux caprices de la nature. L'un dans l'autre, les changements de stratégie des producteurs brésiliens ont apporté au marché du café d'impressionnantes quantités de sacs. Cette abondance a placé l'offre mondiale de café largement au-dessus d'une demande qui a, elle, plutôt tendance à stagner. Les progrès des Brésiliens ne surprennent ni ne choquent grand monde. Intégrés depuis toujours à l'univers du café, ils ne sont pas considérés comme responsables de la crise.

Pour tous les producteurs d'Amérique centrale, c'est beaucoup plus loin, hors du continent, qu'il faut aller chercher le principal responsable de l'effondrement des cours. Au Costa Rica, comme au Guatemala ou au Nicaragua, un seul nom est sur toutes les lèvres : le Vietnam. Au Guatemala, producteurs et exportateurs se réunissent de temps à autre dans les locaux de l'Institut national du café, un bâtiment en brique rouge, au centre de la capitale guatémaltèque. Une petite unité de torréfaction est installée au rez-de-chaussée. Tout l'édifice embaume en permanence le café. Au cours de ces soirées, les convives évoquent les difficultés du temps présent. Entre une *empanada*, un de ces petits pains fourrés de viande consommés dans toute l'Amérique latine, et un verre de whisky, invariablement on maudit les lointains Vietnamiens et leurs anciens colonisateurs français, accusés, avec la Banque mondiale, d'avoir financé la percée vietnamienne sur le marché du café. Peu importe que cela soit inexact ! Le chamboulement est si important qu'il faut bien trouver quelques boucs émissaires. La Banque mondiale en a vu bien d'autres. Quant aux Français, ils se défendent comme de beaux diables d'avoir joué le moindre rôle dans la percée vietnamienne. Rien n'y fait ! Les légendes ont la vie dure.

Nul doute, en tout cas, que l'épopée vietnamienne du café figurera, un jour, au catalogue des épopées agricoles. En l'espace de quelques années, les paysans des hauts plateaux vietnamiens ont en effet bousculé l'ordre établi sur le marché mondial du café. Dans ce monde-là, il était entendu, depuis toujours, que le Brésil et la Colombie occupaient les deux premiers rangs avec leurs arabicas. Pour ce qui est du robusta, l'Indonésie et la Côte-d'Ivoire jouaient les premiers rôles. Sans oublier les fameux mokas d'Éthiopie ou les arabicas lavés d'Amérique centrale. Telle était la hiérarchie jusqu'à la fracassante arrivée des Vietnamiens. Rarement irruption aura été aussi tonitruante. Loin de se borner à détrôner, à la fin des années 1990, les Indonésiens sur le marché du robusta, les Vietnamiens réussissent à disputer à la Colombie le titre de deuxième producteur mondial. Seul le Brésil reste intouchable. Certes, la Banque mondiale a donné un coup de main aux Vietnamiens en octroyant quelques financements. Mais cette intervention n'explique pas à elle seule l'émergence vietnamienne. Celle-ci est avant tout le fruit de la volonté des dirigeants de Hanoi. À l'origine, leur objectif était de fixer les populations dans les campagnes. C'est une politique d'occupation de l'espace.

Lancée dans les années 1980, l'aventure caféière vietnamienne se déroule sur les hauts plateaux du centre du pays, dans les provinces de Dak Lak, Lam Dong, Gia Lai et Kon Tum. Surtout dans celle de Dak Lak. Avant d'y planter les baies de café, on en expulse les groupes ethniques minoritaires : ces populations ont le tort d'être jugées inaptes à l'agriculture intensive dont rêvent les dirigeants communistes de Hanoi. Elles sont repoussées vers les régions les plus reculées du pays, vers la frontière laotienne, là où la terre est moins riche, là où ces agriculteurs ne gêneront pas le développement des plantations de café. À leur place, par centaines de milliers, venus des plaines côtières surpeuplées et des régions du nord du pays, on installe de « vrais paysans ». On leur attribue des lopins de terre. On leur fixe des objectifs de rendement. S'ils ne font pas les deux tonnes à l'hectare exigées, ils sont chassés sans pitié. Cela explique le succès phénoménal. En 1990, le Vietnam produisait à peine dix mille tonnes de robusta. En 1995, lorsqu'une vague de gel inattendue s'abat sur les plantations brésiliennes et que les cours du café explosent très momentanément, les Vietnamiens sont déjà là pour en profiter. Chance supplémentaire, les Américains viennent de lever l'embargo commercial contre les produits vietnamiens. Les entreprises de négoce international qui, comme la britannique ED & F Man, exportaient le café vietnamien en le faisant transiter par Singapour afin de l'estampiller « indonésien » ne sont plus obligées de recourir à ce procédé. Un troisième facteur favorise à son tour la production vietnamienne : la dévaluation en 1997 du dông, la monnaie nationale. Pour chaque tonne de café, les paysans reçoivent davantage. L'aubaine les incite à pousser encore la vapeur.

Trois ans plus tard, le monde du café a la berlue. Les Vietnamiens assomment le marché sous des volumes de production jamais vus dans cette région : près d'un million de tonnes de café. Les paysans de Dak Lak ont atteint un rendement record : deux tonnes à l'hectare. Au Cameroun, pendant ce temps-là, les producteurs de café stagnent à 600 kilos l'hectare ! Mais ce développement ne va pas sans problèmes. Les groupes minoritaires encaissent difficilement leur marginalisation. Ils tentent eux aussi de profiter du boom du café. Habitués à une agriculture extensive sur brûlis, ils ont appris les méthodes intensives. Mais ils se trouvent à la périphérie de la zone principale de culture. Les circuits commerciaux les plus sophistiqués, les plus rapides, les plus rémunérateurs ne sont pas pour eux. Alors, quand, sous le poids des tombereaux de café qui se déversent sur le port de Saigon, les cours mondiaux s'effondrent, ils sont les premiers à en faire les frais. Et ils se révoltent. En janvier-février 2001, ils bloquent les routes, tentent de s'emparer de la préfecture locale. L'armée boucle la zone, des hélicoptères interviennent. Les étrangers sont bannis de la province de Dak Lak d'où vient 60 % du café vietnamien. Et l'émeute est réprimée. Ce geste de colère se renouvellera. Mais il ne gênera en rien le développement de la culture du café. Dans un pays pourtant réputé communiste, les petits paysans viets se retrouvent, comme leurs collègues d'Amérique centrale, grevés de dettes, cernés par les créanciers, souvent chinois, par les négociants locaux ou internationaux leur ayant avancé les engrais et les fonds nécessaires à la récolte qui vient. Dans ce système hybride, c'est parfois à des sociétés purement vietnamiennes, émanations des comités populaires de la ville voisine, que les producteurs de café ont affaire. Et les comptes de ces entreprises sont si opaques qu'il est difficile de s'y repérer. À Londres, cependant, les grands négociants internationaux se frottent les mains. Pour eux, le Vietnam est le paradis des affaires. Tout fonctionne vite et bien. Les délais sont respectés. Le gouvernement de Hanoi est aux petits soins pour les investisseurs étrangers. Un pays communiste comme celui-là, les traders londoniens en redemanderaient presque !

L'agonie des accords internationaux

Mais il serait trop simple d'imputer au seul Vietnam la responsabilité de la crise du café. Les Vietnamiens n'ont réussi leur percée sur le marché mondial que grâce aux divisions des autres pays producteurs. Ces divergences, maintes fois répétées, ont abouti à la disparition des accords internationaux limitant la production de café, attribuant des quotas, des plafonds d'exportation à chaque pays producteur, des plafonds d'importation à chaque pays consommateur. Si cet accord avait survécu, jamais les Vietnamiens n'auraient pu commettre leur hold-up sur le marché mondial du café. L'histoire de ces accords remonte aux années 1960. En 1962, soixante-quinze pays, producteurs et consommateurs, adhèrent au premier accord international du café. Une organisation est créée, chargée de veiller au respect des décisions prises : l'Organisation internationale du café. L'objectif est de maintenir les prix à un niveau rémunérateur pour les producteurs et acceptable pour les consommateurs. Les pays du bloc communiste sont absents de l'accord. La guerre froide bat alors son plein. L'intérêt des pays occidentaux est d'offrir un prix correct aux paysans cultivateurs de café pour prévenir la « contagion marxiste ». Les années 1960 sont aussi l'âge d'or d'un monde où États et organisations internationales sont censés pouvoir réguler l'économie, au nom de la politique et des intérêts supérieurs des nations. L'Europe des

Six développe sa politique agricole commune. La volonté collective est supposée omnipotente. Sur le plan agricole, le sucre et le cacao ont leur structure de régulation, avec des stocks internationaux. Le café aussi. Tant bien que mal, ces accords atteignent leurs objectifs. Malgré les à-coups, pendant les années 1960-1970, les cours du café évoluent à des niveaux très respectables : environ 120 cents la livre anglo-saxonne (456 grammes). Cela tient du miracle, tant il est difficile de concilier l'intérêt des producteurs et celui des consommateurs, tant sont nombreuses les sociétés de négoce et de courtage qui s'échinent à contourner les accords.

Très vite, cependant, le mécanisme, laborieusement mis au point, se dérègle. Tous les deux ans, les quotas d'exportation et d'importation sont renouvelés. Croire que chaque camp s'assied de manière très civilisée autour d'une table pour établir les volumes du commerce international du café au mieux des intérêts communs serait naïf. Chaque négociation est une bataille de chiffonniers ! Les producteurs veulent contingenter leurs exportations afin de maintenir des prix élevés. Les consommateurs veulent au contraire le volume d'exportation le plus important possible pour faire baisser les prix. Fin juillet 1985, Sam Mizrahi, un trader français qui, grâce à une jolie plume, adressait très régulièrement à sa clientèle un bulletin d'analyse du marché, constate ainsi l'effondrement des cours du café. Ils sont à leur plus bas niveau depuis trois ans. À Londres, la tonne a perdu 600 livres sterling en six semaines. « Le fond de l'affaire, écrit-il, c'est qu'il existe trop de café dans le quota global de l'accord. » Il y a trop de café sur le marché.

L'année précédente, en 1984, les pays consommateurs se sont inquiétés d'une possible vague de gel au-dessus des plantations brésiliennes. La récolte suivante, craignent-ils, sera trop faible. Le Brésil ne pourra pas exporter les volumes prévus. Par conséquent, les cours mondiaux risquent de s'envoler. Forts de cette conviction, les pays consommateurs prennent les devants et tentent d'imposer des quotas d'exportation très élevés, pour approvisionner le marché. Les Brésiliens et les Colombiens résistent. « Quoi qu'il arrive, il y aura assez de marchandise », affirment-ils. Les événements leur donnent raison. Les stocks de café des années précédentes sont largement suffisants. L'augmentation des quotas d'exportation met donc le marché en état de surapprovisionnement ! Les cours s'effondrent ! La réaction est immédiate. Quelques mois plus tard, en septembre 1985, les pays membres se mettent d'accord pour réduire les quotas de 3 millions de sacs. On redescend à 58 millions de sacs. Un nouveau mécanisme de régulation plus souple est mis au point. Il permet de réagir en deux ou trois semaines à l'évolution des cours. Quand l'évolution à la hausse est excessive, on injecte 500 000 sacs de café sur le marché mondial. Quand la baisse est trop forte, on en retire autant. Mais la nature fait parfois mieux les choses. Ses évolutions sont imparables. Ainsi, fin 1985, quelques semaines seulement après l'annonce de la baisse des quotas, une vague de sécheresse s'abat sur le Brésil. L'état d'urgence est proclamé dans deux des principales régions caféières. La production brésilienne de café est en chute libre. Au lieu des 25 millions de sacs annoncés, les Brésiliens n'en produisent que 11. La récolte baisse de 66 % ! Panique sur les marchés ! Les cours flambent. À Londres, la tonne de robusta passe de 1 500 à 2 600 dollars.

En Colombie, les paysans voient le prix de leurs sacs augmenter comme jamais. Entre deux attaques de la guérilla guévariste, alors que le pays est plongé dans une guerre civile depuis 1948, le président colombien, Belisario Betancour, trouve le temps d'écrire à quinze de ses collègues, tous à la tête de pays producteurs. Il leur propose de supprimer immédiatement les quotas. L'objectif n'est pas d'alimenter le marché, pour faire baisser les cours, mais de profiter de leur envolée, pour vendre autant que possible en faisant fi des quotas. Si les Brésiliens n'ont rien à vendre, les autres pays de la région peuvent fournir. Pas autant que nécessaire, cependant. La hausse des prix du café est phénoménale ! Début 1986, la tonne d'arabica se vend aux alentours de 3 000 dollars. Mais c'est excessif. Les acheteurs n'arrivent plus à suivre et cessent progressivement leurs achats. À la mi-mai, faute d'importateurs, les cours chutent de près de 50 %.

Guatémaltèques, Brésiliens, Indonésiens, Européens, Américains, tout ce beau monde se réunit une nouvelle fois en septembre 1986. Personne ne sait comment gérer l'affaire des quotas. Car la règle théorique impose de les fixer en fonction des exportations passées de chacun des pays producteurs. En clair, le Brésil, traditionnellement principal fournisseur du marché mondial, victime d'une vague de sécheresse qui ne se répétera pas de sitôt, devrait se voir proposer une portion infime des volumes échangés. Les Brésiliens, qui ont même été obligés en 1986 d'importer du café pour satisfaire leur consommation intérieure, ne veulent donc pas entendre parler de quotas. Les Colombiens non plus. Ils ont fourni près du tiers des besoins mondiaux et, au nom de règles tatillonnes, on voudrait les cantonner de nouveau à leur habituelle seconde position ! Pas question. En Asie, les Indonésiens sont sur la même ligne. Principaux producteurs de robusta au monde, ils ont profité à plein de l'aubaine brésilienne : leurs ventes ont quadruplé. Tout le monde se satisfait donc de la situation. Seuls les Africains défendent l'idée d'un retour aux règles, aux quotas. Car ils ne cessent de perdre du terrain. Lors d'un passage à Bujumbura, capitale du Burundi, le secrétaire général de l'Organisation internationale du café signale qu'en dix ans, depuis le début des années 1970, l'Afrique est passée de 30 à 23 % du total mondial des exportations. Une explication s'impose : l'instabilité politique. Rébellions, guerres civiles et coups d'État réduisent à néant les efforts des paysans africains quand leurs concurrents d'Amérique latine et d'Asie continuent à progresser.

Les intérêts américains l'emportent

Fin 1988, un nouvel accord international sur le café est en cours de négociation. Les Brésiliens en sont. Leur production a retrouvé son étiage habituel et bat des records. Ils ont tout intérêt à limiter les exportations de la concurrence par des quotas. Mais les Américains, les principaux importateurs de café de la planète, ne sont plus très favorables à ce genre de gesticulation. Jusqu'alors, ils avaient défendu l'idée d'un contrôle international du commerce du café. L'économie latino-américaine, arrière-cour des États-Unis, dépendait en partie de ces exportations. La stabilité de la région passait par un encadrement des prix. Au début des années 1980, l'Amérique latine se retrouve surendettée. Le café lui permet de rembourser quelques-uns des innombrables emprunts internationaux contractés au fil des années. Pour la Chase Manhattan Bank, pour la Bank of America et pour toutes les autres, principales créancières des États d'Amérique latine, il importe que les caisses du Trésor, à Mexico ou à Brasilia, soient remplies, du moins le temps de rembourser les échéances.

Mais la mise au point par le secrétaire américain au Trésor d'un plan qui permet d'alléger le fardeau de la dette, en la rééchelonnant, réduit l'intérêt des États-Unis pour les ressources générées par le café. À leurs yeux, le secteur du café devient accessoire. Il ne joue plus qu'un rôle mineur dans la politique économique des pays latino-américains qui comptent. C'est d'autant plus vrai que ces nations se développent et se diversifient. Sorti de l'ère des dictatures, le Brésil s'industrialise. Il construit des avions. Il accède au statut de grande puissance régionale. Les exportations de café étaient, naguère, l'une des principales ressources du pays ; elles ne représentent plus, désormais, que 7 % des recettes en devises. Elles rapportent 2 milliards de dollars par an. C'est moins d'un mois du total des exportations du pays. Du nord au sud du continent américain, la production et les exportations de café, qui fournissent toujours l'essentiel de leurs revenus à des millions de paysans, cessent d'être considérées comme stratégiques.

À Washington, le virage est d'autant plus marqué qu'en garantissant une stabilité des prix, l'accord sur le café consolide des régimes contre lesquels la Maison Blanche ferraille, en particulier le régime sandiniste du Nicaragua. L'économie nicaraguayenne est essentiellement agricole. La culture du café y occupe les péones par centaines de milliers. Maintenir l'accord en l'état, c'est faire une fleur au clan Ortega au pouvoir à Managua, avec lequel l'administration Reagan est en guerre ouverte. Pour la Maison Blanche, renoncer à l'accord sur le café permettrait d'ébranler un peu plus le gouvernement de Managua. Les autorités américaines ont encore bien d'autres griefs contre la politique des quotas sur le marché du café. Parmi eux, et pas des moindres : en payant leur café un prix honorable, les consommateurs américains subventionnent les achats bon marché des pays du bloc soviétique. Les pays communistes ne sont en effet pas partie prenante aux accords internationaux sur le café. Pas concernés par les quotas, ils achètent ce qu'ils veulent et paient leur café moins cher. Paradoxe des paradoxes : les pays communistes bénéficient d'un marché libre ! Pas les pays capitalistes ! Toutefois, pour les exportateurs d'Amérique centrale, c'est une complication. Il faut prévoir des sacs de café pour les pays de l'accord international. D'autres sacs pour les pays communistes, hors de l'accord. Chaque sac doit être clairement identifié. Outre des frais supplémentaires et des complications logistiques, il faut une double comptabilité. C'est une perte de temps considérable. À l'arrivée, tous les trafics sont possibles. Nombreux sont les sacs, partis bon marché vers les pays du bloc communiste, qu'on retrouve, mystérieusement, de l'autre côté du mur de Berlin, où ils se négocient bien sûr au prix fort, celui du marché encadré par les quotas internationaux. Les importateurs allemands ne rechignent jamais à ces petits détournements qui font aujourd'hui sourire. Quelques-uns d'entre eux y gagnent des fortunes. De leur côté, les pays communistes économisent quelques dizaines de millions de dollars par rapport à leurs rivaux de la zone capitaliste.

Pour les Américains, la coupe est pleine ! Dès février 1989, lors du congrès de l'Association américaine du café, à Boca Raton, en Floride, c'est l'offensive. Les torréfacteurs américains rejettent catégoriquement l'hypothèse d'un renouvellement de l'accord sur le café. Ils ne veulent de quotas que s'ils sont conformes à leurs souhaits. Plus question de négocier avec les producteurs. Le marché, rien que le marché ! Les théories libérales initiées par le président Reagan et par Margaret Thatcher emportent le monde du café dans leur tourbillon. Le 3 juillet 1989, quatre mois seulement avant la chute du mur de Berlin, l'Organisation internationale du café décide d'abroger le système des quotas tout en maintenant l'accord international pour deux ans. L'OIC n'est plus qu'une coquille vide, une machine à produire des statistiques et à payer des fonctionnaires internationaux pour pas grand-chose.

Côté producteurs, la réaction est immédiate. Les Brésiliens passent à l'offensive. Ils lèvent toute restriction à l'exportation. Ils ont 17 millions de sacs en réserve et stocker coûte cher. Ils veulent donc vendre, quel qu'en soit le prix.

Les Indonésiens font de même. Comme les Brésiliens, ils ont bien d'autres richesses agricoles ou minérales. Ils tentent également le pari de la diversification industrielle. Les deux pays sont finalement sur la même longueur d'onde. Peu importe l'impact sur les prix. Il faut prendre des parts de marché, réduire la concurrence à la portion congrue, la laminer ! Naturellement, les cours s'effondrent. En deux semaines, le café perd le tiers de sa valeur sur le marché mondial.

La rupture de l'accord provoque un véritable cataclysme économique. Hormis les Brésiliens et les Indonésiens, les autres producteurs sont sidérés ! On vient de les priver du seul instrument de contrôle dont ils pensaient disposer. À Bogotá, en Colombie, deuxième producteur mondial de café, Virgilio Barco, pâle successeur d'un Belisario Betancour dont les efforts n'ont pas réussi à ramener la paix civile, fait les comptes. La chute des cours du café ruine l'économie nationale. Sur la saison 1989, le chef de l'État colombien chiffre à 300 millions de dollars la perte de revenus des quelque 500 000 planteurs de son pays. La Colombie perd 2 millions de dollars par jour. Le marché, les politiques se sont habitués à considérer les exportations de café comme secondaires dans les recettes des pays producteurs latino-américains. Mais en Colombie, c'est loin d'être le cas. Partout, la baisse du prix international du café ruine des pans entiers des sociétés paysannes. Même au Brésil, où les revenus chutent de 8 % malgré une progression des ventes de 18 % ! En dollars courants, le prix du café a été divisé par deux en dix ans. Au Cameroun, un décret présidentiel réduit des deux tiers le prix du kilo de café payé aux paysans. L'Indonésie exporte, cette année-là, 350 000 tonnes de robusta au lieu de 270 000, un an plus tôt. Mais les recettes stagnent à 500 millions de dollars.

Globalement, en 1987, les revenus générés par la production de café atteignaient les 14 milliards de dollars. Trois ans plus tard, en 1990, ils retombent à leur niveau de 1980, soit 9 milliards de dollars. Et rien n'y fait, les prix du café continuent inexorablement à chuter. En avril 1992, alors que l'arabica est à son plus bas niveau historique, le Brésil accepte d'étudier un éventuel retour à une politique de contingentement des exportations. Les Brésiliens ont raté leur objectif : la concurrence n'a pas été éliminée. Elle est toujours là. Mais contrôler le commerce du café n'est plus d'actualité. En Amérique du Nord, un accord de libre-échange est en pleine négociation. L'ALENA (Accord de libre-échange nord-américain) vise à faire disparaître les barrières commerciales entre le Mexique, les États-Unis et le Canada. Or le Mexique est un gros producteur. Comment imaginer dans ces conditions le retour à des stratégies du passé ? Courant 1993, les Américains enterrent définitivement les politiques d'encadrement du marché du café.

Un monde cruel

Pour les producteurs, c'est un monde nouveau qui s'annonce. C'en est terminé des accords qui obligeaient les États à mettre sur pied des organismes capables de parler en leur nom lors des négociations internationales. Ces organismes avaient pour mission de stocker le café afin de respecter les plafonds d'exportation fixés à Londres par l'Organisation. Face aux grandes sociétés exportatrices, face aux torréfacteurs, les États contribuaient à canaliser les forces du marché. Cette garantie s'envole avec la disparition des accords internationaux. Du jour au lendemain, d'un trait de plume, les organismes publics des pays producteurs sont rayés de la carte. Ils peuvent certes continuer à stocker, à surpayer le café à leurs paysans s'ils en ont les moyens, ce qui est rare, et si la Banque mondiale et le FMI ne viennent pas interdire pareille politique d'un froncement de sourcils.

À l'autre bout de la chaîne, du côté des importateurs, le bouleversement n'est pas moindre. En France, à l'embouchure de la Seine, Le Havre est le grand port français d'importation du café. Cela ne date pas d'hier. Robert Le Fur, octogénaire alerte, se souvient qu'au début du XXe siècle, à l'époque où officiait son père, courtier en café, il fallait trois mois pour aller au Brésil et en revenir avec des sacs de café. Les messages aux exportateurs brésiliens étaient transmis par câble après avoir été codés pour empêcher la concurrence de les déchiffrer. Les négociants, les courtiers étaient les seuls à détenir les informations stratégiques : prix internationaux et niveau des récoltes, problèmes climatiques et crises politiques. Les clients savaient ce qu'on voulait bien leur dire. « Les affaires étaient faciles », dit Robert Le Fur.

C'est au Havre, en 1883, que la première Bourse du café, le premier marché à terme fait son apparition. Le port normand s'affirme comme la principale place de négoce du café en Europe. La Première Guerre mondiale perturbe à peine les affaires. Mais lors de la deuxième guerre mondiale, Le Havre étant fermé par l'occupant allemand en 1940 et détruit par les bombardements alliés en 1944, cette Bourse du café ne reprendra jamais véritablement son envol. À Paris, elle n'intéresse plus personne. Le volume des transactions diminue. Les chargements de café continuent, certes, à arriver par cargos entiers car les torréfacteurs ont installé là leurs brûleries. Jadis centre financier, Le Havre n'est plus qu'un centre de passage et de transformation du café. Pour garantir le prix de vente de leurs sacs de café par l'achat de lots virtuels – une méthode mise au point dès les années 1850 par les céréaliers américains –, les négociants et les courtiers du Havre devront en passer par le marché de Londres, confortant le leadership européen de la City. C'est donc de Londres ou de New York, en ces années 1990, que proviennent les informations faisant état de la chute abyssale des cours.

Robert Le Fur et tous ses collègues importateurs sont pétrifiés ! Eux qui avaient l'habitude de travailler avec des arabicas à 1 dollar au minimum, les voilà à 40 cents le 22 août 1992 ! Aujourd'hui à la tête d'une grosse structure importatrice de café en France, l'une des dernières entreprises hexagonales, Patrick Masson a, à l'époque, la trentaine. Grande baraque, grande gueule, le contact facile, le poil ras et la moustache généreuse, une gouaille qui serait très parisienne s'il n'était natif du Havre, c'est alors un des jeunes loups du secteur. Recruté par hasard, encore étudiant, ses premières années dans la carrière se déroulent sur fond de marché organisé, rythmé par l'arrivée des sacs. Chaque livraison de café est accompagnée de timbres validés par l'Organisation internationale du café, recensés par les douanes françaises, puisque la France est signataire de l'accord international du café. Ce qui permet de s'assurer du respect des quotas. Mais le système a des failles : il n'empêche pas les sacs de café de passer de main en main, d'intermédiaire en intermédiaire. Un négociant peut acheter et vendre, en fonction de ses besoins du jour, deux fois ou plus la même marchandise, que les documents douaniers permettent aisément d'identifier : de la marchandise ou des liquidités. On triche d'autant plus volontiers que l'accord international n'a pas que des partisans. Certains opérateurs sont convaincus qu'en stabilisant les cours, il favorise la surproduction. Et qu'une fois l'accord disparu, les cours remonteront d'eux-mêmes car, victimes de l'instabilité du marché, les producteurs seront obligés de réduire leur récolte.

La résistance des producteurs

C'est mal les connaître. On ne renonce pas si facilement à un commerce régulé et à des prix élevés. Quatre ans après l'enterrement de la politique des quotas, déclarations et réunions aboutissent à la création de l'Association des pays producteurs de café (ACPC). Bien sûr, les consommateurs en sont exclus. Portée sur les fonts baptismaux en 1993, l'ACPC est modestement installée dans l'immeuble londonien de l'OIC, tout près d'Oxford Street. Elle commence par ronronner. Il faudra attendre sept ans et l'effondrement continuel des prix du café pour que les délégués des pays producteurs passent à l'offensive ! L'idée est de réduire de 20 % les exportations de café. Quelques années plus tôt, la Banque mondiale avait apporté son soutien à cette politique en estimant, sans le confirmer absolument, que ce genre de décision permettrait de relever le niveau des cours d'environ 40 %. Si l'idée avait été bonne plus tôt, pourquoi ne le serait-elle donc pas de nouveau ? Aussi, le 1er juin 2000, la décision est-elle prise de passer à l'acte. On doit commencer à réduire les ventes le 1er septembre.

Cette politique semble si crédible à certains que le groupe Louis-Dreyfus, l'un des fleurons français du négoce agricole international, s'interroge sur l'intérêt qu'il aurait à aider les producteurs. Mais l'idée, un temps caressée par le groupe de l'avenue de la Grande-Armée à Paris, est bien vite enterrée. À vrai dire, pas grand monde parmi les professionnels ne croit à la réussite d'une telle stratégie. La mise en place réelle du plan de rétention semble improbable. Partout ou presque, en raison de l'abandon de la politique des quotas, les organismes de gestion publique des filières ont été démantelés. Il n'y a plus personne pour jouer les gendarmes, plus personne pour stocker. Décider de bloquer les exportations est bien beau, encore faut-il en avoir les moyens. Or, les pays les plus pauvres n'ont pas les reins assez solides pour appliquer de telles décisions. Il leur est impossible de financer ce plan. Personne n'imagine une seule seconde que les pays africains auront les ressources financières suffisantes pour acheter leurs sacs de café aux paysans et les stocker dans des entrepôts d'où ils ne devront sortir, à aucun prix, avant une éventuelle remontée des cours. Bien sûr, les budgets nationaux ne sont pas assez fournis pour dégager les dizaines de millions de dollars nécessaires à une telle politique. Quant aux banques commerciales qui auraient pu prêter de telles sommes, leurs dirigeants sont bien conscients des énormes risques encourus. Faire remonter les cours du café en le stockant, c'est engager un combat sans merci avec la formidable puissance des fonds de pension qui vont et viennent, de plus en plus massivement, sur les marchés des matières premières. Peu intéressés par le produit en lui-même, les gestionnaires de ces fonds spéculent, souvent à la baisse. Il faut les convaincre que le plan de rétention est hermétique, que pas un sac de café de plus que ce qui est prévu ne sortira.

Hélas, pour les producteurs, cela se révèle vite mission impossible ! Deux des principaux producteurs, le Vietnam et l'Indonésie, n'ont jamais sincèrement adhéré au plan de Londres. Les Indonésiens promettent pourtant, maintes fois, de se plier à la politique de cartel de l'ACPC. En janvier 2001, le président Wahid lui-même en prend l'engagement à l'issue d'une rencontre à Djakarta avec son homologue brésilien, Fernando Henrique Cardoso. Le ton de la rencontre est bien sûr très diplomatique. Plus explicites sont, par contre, les explications venues de Brasilia, où les officiels se font menaçants. Ils avertissent que si la politique de l'ACPC n'est pas appliquée par tous, le Brésil enverra tout voler et laissera les autres producteurs affronter, seuls, la tourmente qui s'est abattue sur le marché du café. Les Brésiliens, premiers producteurs mondiaux, veulent bien diriger la manœuvre mais pas se retrouver seuls au front. Ils ont quelques raisons de se fâcher ! Au cours des premiers mois d'exécution du plan de rétention, leurs exportations ont vraiment baissé. Ils estiment avoir ainsi perdu 400 millions de dollars de recettes. Mais il ne leur semble pas observer la même retenue de la part de leurs concurrents d'Amérique centrale, du Pérou, d'Inde ou d'Indonésie. Or l'effort doit s'inscrire dans la durée. Les experts brésiliens estiment qu'il faudra patienter deux ans avant de voir les premiers résultats du plan de rétention, deux ans avant que les cours ne remontent significativement.

Mais la situation a tellement échappé au contrôle des pays producteurs qu'au cours de l'année 2000, les importateurs américains ont pu acheter tout ce qu'ils ont voulu. Leurs stocks de café ont doublé ! Chez les producteurs, la récolte 2000-2001 s'annonce comme la plus importante depuis trente-cinq ans. Tout le monde s'est donc précipité pour vendre avant la date fatidique du 1er septembre, à partir de laquelle les possibilités d'exporter seront limitées. Cette ruée contribue, bien sûr, à la chute des cours et donne une marge de manœuvre très importante aux torréfacteurs. Ils n'ont aucune raison de paniquer sous prétexte que les producteurs réduisent leurs ventes. Ils ont tout ce qu'il faut dans les entrepôts de New York ! Les torréfacteurs américains ou hollandais peuvent dormir d'autant plus tranquilles que, au sein du cartel, la méfiance est généralisée. Chacun suspecte le voisin de tricher, de continuer à vendre dans l'espoir de profiter du sacrifice des concurrents. Les Brésiliens eux-mêmes sont soupçonnés de vouloir la rétention pour éliminer les rivaux d'Amérique centrale. Du Nicaragua au Guatemala, ces pays pauvres n'ont pas les ressources dont dispose le Brésil, grande puissance régionale, qui peut supporter quelques centaines de millions de dollars de revenus en moins. À l'inverse, la perte de quelques dizaines de millions de dollars est de toute évidence un drame pour les petits pays de l'isthme. Les Brésiliens sont accusés, à mots couverts, de chercher à réduire la production d'arabicas lavés d'Amérique centrale qui rivalise directement avec la leur. Tant de sous-entendus, de soupçons, de faiblesses finissent par brouiller le message que les producteurs voulaient adresser aux acheteurs. À peine lancé, le plan de rétention n'impressionne plus. Après un petit sursaut, les cours du café recommencent à chuter.

Quinze mois après son entrée en vigueur, le plan est officiellement enterré. Il n'a donné aucun résultat. Les cours du café continuent à sombrer. Début février 2002, les pays membres de l'Association des pays producteurs de café décident donc d'en finir une bonne fois pour toutes. Non seulement ils mettent un point final à leur tentative de contrôle des exportations, mais en plus ils sabordent leur organisation ! Les quatre employés permanents de Londres sont licenciés, les bureaux rendus à l'Organisation internationale du café.

La bataille de la qualité

De nouvelles initiatives sont lancées. À San José du Costa Rica, les dirigeants de la filière sont conscients des problèmes de qualité qui se posent. Ils veulent détruire les cerises de café de mauvaise qualité. Elles concerneraient 5 % de la récolte. L'avantage serait double. D'abord, cela réduirait *ipso facto* les volumes exportés. Ensuite, cela conforterait l'image de la production nationale. L'un dans l'autre, les sacs de café du Costa Rica vaudraient plus cher. Le café est donc brûlé dans de grandes chaudières. Les pays voisins s'intéressent à l'initiative. À Londres, l'Organisation internationale du café, du moins ce qu'il en reste, fait de la recherche de la qualité l'un des thèmes centraux de son action. Puisqu'on ne peut pas agir sur les prix, agissons sur leurs conséquences ! On ne peut rien contre le mal, traitons ses symptômes ! Le plus ardent défenseur de cette politique est le directeur général de l'OIC, Nestor Osorio. Ce diplomate colombien, à la frêle silhouette, a fait toute sa carrière dans les milieux du café, à Bogotá puis à Londres. Nestor Osorio connaît le prix des efforts fournis par les paysans pour remplir les sacs des cerises de café épargnées par le gel et les intempéries, l'œil fixé sur le chemin poussiéreux qu'empruntent les intermédiaires ou les acheteurs pour arriver jusqu'à leur lopin de terre. Il en connaît le prix parce que, enfant de la région de Medellín, il a gambadé sur les pentes douces de la propriété familiale au milieu des plantations de café. Il a côtoyé les paysans aux chapeaux de paille penchés sur les branches des arbustes et a gardé le souvenir de cette jeunesse. Et bien qu'il soit excessif d'affirmer qu'il a le café dans le sang, il est évident que sa carrière au service des intérêts du système colombien de production du café y trouve en partie sa raison d'être.

Devenu le héraut des efforts sur la qualité, Osorio, en ce mois de septembre 2004, préside à la présentation, devant l'assemblée générale de l'OIC, à Londres, d'un nouveau code du café. Uschi Eid, allemande et secrétaire d'État parlementaire au ministère fédéral de la Coopération économique et du Développement, est à la tribune pour exposer ce projet. Il s'agit d'assurer la pérennité de la culture du café et de ses 25 millions de producteurs dans le monde. « C'est un texte réaliste, assure la ministre allemande. Il exclut toutes les pratiques inacceptables sur le plan social et environnemental », comme le travail forcé ou la déforestation. Le document s'imposera à tous. Il devrait garantir aux consommateurs une qualité standard et donc permettre un développement important de la consommation. « Il est vrai, souligne l'ambassadeur colombien, sous sa barbe très IIIe République, que l'effondrement des cours du café pendant les dernières années a eu un impact très négatif sur le niveau de vie des populations. Le travail dans les plantations s'en est ressenti et la qualité du café a baissé. » La ministre allemande confirme et explique qu'un projet pilote est déjà en cours au Salvador : la compagnie allemande Neumann, l'un des géants du négoce mondial du café, a reçu

400 000 euros pour aider un groupe de paysans salvadoriens à travailler selon les normes prévues par ce code. Tout le monde pourrait donc s'en satisfaire.

Hélas ! pour la ministre, c'est la déconvenue. À part le représentant colombien, dans l'hémicycle de ces Nations unies du café, le projet de code ne trouve grâce aux yeux de personne. Du représentant de la Papouasie-Nouvelle-Guinée à celui du Brésil en passant par le porte-parole africain, c'est une véritable levée de boucliers. Les représentants de ces pays producteurs ne voient là qu'une source de paperasseries et de frais supplémentaires pour un bénéfice incertain. « Ce nouveau texte, s'exclame le représentant brésilien, ne changera rien au niveau de l'offre et de la demande et donc au niveau mondial des prix du café ! » La ministre allemande se fait alors plus explicite : « En Allemagne, dit-elle, nous recevons un café de mauvaise qualité. Il n'est pas aussi bon que par le passé. On ne discute pas des prix mais de la qualité. Certains petits producteurs devront quitter la production, se diversifier parce qu'ils ne couvrent pas leurs coûts et ne vivent pas. » Une nouvelle fois donc, les intérêts des producteurs et des consommateurs divergent. Les premiers veulent un meilleur niveau de vie. Les seconds veulent un meilleur café.

Les Américains sont sur la même longueur d'onde que les Allemands. Ils avaient, dix ans plus tôt, claqué la porte de l'Organisation internationale du café parce que ses principes de l'époque ne cadraient pas avec leur vision de l'économie de marché. Ils sont aujourd'hui de retour après une longue campagne de lobbying de Nestor Osorio et des chefs d'État d'Amérique latine. À Washington, les Congressistes ont approuvé une résolution invitant le gouvernement fédéral à se saisir d'un dossier qui « a de graves répercussions économiques et environnementales, en Amérique latine, en Afrique, en Asie ». Le texte des parlementaires américains rappelle la mort de six immigrants illégaux dans le désert de l'Arizona au mois de mai 2001. Tous étaient de petits producteurs de café. Venus de la région de Veracruz, au sud-est du Mexique, ils fuyaient, comme beaucoup d'autres, la misère qui s'était abattue sur eux avec la chute des cours. Les parlementaires américains signalent, de plus, combien la crise du café peut inciter les paysans du Pérou et de Colombie à se tourner vers des cultures illicites. Ils concluent en invitant les États-Unis à rejoindre l'Organisation internationale du café dont Nestor Osorio a déjà pris la tête. L'administration Bush entend ces inquiétudes et, après avoir hésité, opère son retour. Elle pourra y avoir un œil sur ce qui s'y fait. Les torréfacteurs américains, préoccupés de la dégradation de la qualité de leur café, pourront y impulser des politiques correspondant à leurs intérêts. Les Américains jugent leur retour au sein de l'Organisation internationale du café « historique ». Leur présence doit aider les producteurs à retrouver leur compétitivité. Pas question, cependant, pour le gouvernement américain, de renouer, d'une manière ou d'une autre, avec un quelconque dirigisme.

La victoire des multinationales

Les années de crise ont bouleversé la répartition des gains au sein de l'industrie du café pour le plus grand bénéfice des industriels des pays développés. En 2002, Nestor Osorio calculait que les producteurs de son pays, la Colombie, pourtant supposés protégés par un système de compensation mis au point depuis plusieurs décennies, ne percevaient que 1 % de la somme qu'il venait de débourser pour boire une tasse de café sur une des grandes artères de Londres. L'une des organisations non gouvernementales les plus engagées dans la défense des producteurs sur le long terme, l'une des moins enclines aux effets de manche démagogiques, la britannique Oxfam, était plus optimiste, si l'on peut dire. Elle calculait que les paysans éthiopiens percevaient 2 % du prix total d'un paquet de café. De son côté, le ministre colombien des Finances, Juan Manuel Santos, estimait que, dans l'industrie mondiale du café, le pourcentage des gains revenant aux producteurs avait été divisé par quatre en dix ans. Au début des années 1990, les pays producteurs percevaient 40 % du prix du paquet de café vendu dans le commerce de détail. Dix ans plus tard, ils n'en percevaient plus que 9 %. Or, simultanément, les gains générés par la vente des paquets de café avaient doublé et rapportaient 65 milliards de dollars. Plus l'enveloppe globale augmente, plus la part des Tito Morales du Guatemala et d'ailleurs fond. L'argent ne s'évaporant pas, force est de conclure qu'il est ponctionné par les grandes compagnies qui achètent le café dans les pays producteurs et par les grands torréfacteurs internationaux qui revendent les paquets au détail ainsi que par les bistrotiers américains ou parisiens.

À Paris, la valeur d'un bistrot est ainsi calée sur le nombre de cafés vendus dans la journée. Un paquet d'un kilo permet au patron de vendre cent « petits noirs ». Ce qui fait une moyenne de 150 euros par kilo quand les producteurs à l'origine sont obligés de vendre ce kilo à peine plus de 1 euro ! Certes, les bistrotiers parisiens paient des salaires, des taxes, supportent des frais de fonctionnement importants. Certes, ils doivent acheter le café. Certes, les torréfacteurs, qu'ils vendent en gros aux bistrotiers ou au détail dans le petit commerce ou dans les supermarchés, engloutissent des fortunes dans le conditionnement du café et dans les campagnes de promotion destinées à populariser cette boisson. La matière première finit par ne représenter qu'une partie minime des coûts induits par cette profusion d'efforts de vente. Mais, au final, dans cette industrie, tout le monde gagne sa vie : les exportateurs, les négociants, les torréfacteurs, les commerçants, les bistrotiers, les États qui prélèvent des impôts. Tout le monde, sauf les producteurs ! Les pays producteurs transfèrent donc de la richesse vers les pays consommateurs qui sont souvent des pays développés. Cette situation est le résultat du grand chamboulement provoqué sur le marché mondial du café par le démantèlement des accords internationaux, en 1989.

La disparition des organismes d'État, la liberté retrouvée d'acheter et de vendre provoquent, en effet, non seulement l'effondrement des prix mais aussi leur oscillation permanente en fonction des mille et une informations dont sont quotidiennement abreuvés les traders sur les marchés à terme de New York et de Londres. Ce vent de liberté attira des fonds d'investissement. Dans un article qui fit date à l'époque de sa publication, le chercheur italien Stefano Ponte relevait qu'en 1980, le volume de café négocié sur les marchés à terme était quatre fois supérieur au volume physique qui s'échangeait réellement. Onze ans plus tard, en 1991, les fonds d'investissement avaient triplé leur mise. Pour les paysans, pour les États, la prise de pouvoir des fonds de pension fut une catastrophe. Comment gérer une économie pour laquelle les revenus du café sont fondamentaux quand ces revenus sont imprévisibles ? Bien sûr, dans ce contexte, les grandes entreprises privées sont en position de force. Leur logique est celle du marché. Elles ont, parmi leur personnel, des financiers et des mathématiciens de haute volée capables de mettre au point les modélisations qui suffiront à déterminer quand vendre et surtout quand acheter pour faire baisser les cours. Les grandes entreprises sont sans pitié. Sur le terrain, elles concurrencent les coopératives et les petits exportateurs locaux.

Ainsi, en cette année 2002, au Costa Rica, don Edwin Acuna ne décolère pas. Bientôt septuagénaire, il ne tardera pas à passer le relais à de plus jeunes ; il est depuis trente-quatre ans le directeur général de la très importante coopérative de Naranjo, à quelques kilomètres seulement de la capitale San José, tout près d'un gros bourg agricole qui ne vit que du café. Tous les ans, ils sont plusieurs milliers à venir livrer leur café au *bénéficio*, le centre d'usinage de la coopérative. Entre novembre et février, au plus fort de la période de récolte, les camions succèdent aux camions pour déverser le contenu multicolore de leurs bennes dans de grandes cuves qui sépareront les cerises de café les plus légères des plus lourdes et feront suivre à chacune d'entre elles un circuit différent dans le complexe. Traditionnellement, la coopérative de don Edwin met 130 000 sacs sur le marché mondial. Mais depuis le début de la décennie, ce volume fond comme neige au soleil. En 2002, il y a presque 40 % de cerises de café en moins. Bien sûr, la chute des cours mondiaux a réduit les rendements. Il y a moins d'argent, moins d'engrais, moins d'ardeur au travail. Il y a moins de fruits sur les arbres. C'est la rançon de la crise.

Pourtant, la fureur de don Edwin ne vise pas le comportement des fonds spéculatifs qui font et défont les prix à New York. Tambourinant sur sa sacoche noire qui a vécu bien des bourrasques, bien des colères, bien des crises du café, don Edwin s'en prend à deux multinationales implantées à San José. La suisse Volcafé et l'allemande Neumann sont deux des plus gros négociants de café au monde. Ces deux européennes-là ont des bureaux partout où il y a du café. Au Costa Rica, elles exportent le gros de la récolte locale. Leur surface financière est importante. Elles ont le soutien de banques internationales, qui leur ouvrent des lignes de crédit sans fin à des taux qui font rêver – ou pleurer – les producteurs locaux. Grâce à ces taux d'intérêt ultracompétitifs, grâce à leur réseau international de vendeurs, elles disposent d'une force de frappe contre laquelle don Edwin ne peut rien. La crise a beau être là, malgré la baisse de la récolte, les deux compagnies veulent exporter les mêmes volumes que les années précédentes. Leurs acheteurs s'en vont donc trouver les petits producteurs, membres de la coopérative à laquelle don Edwin a voué sa vie. Ils mettent sur la table des sommes avec lesquelles la coopérative, leur coopérative, ne peut rivaliser. Le café part donc vers ces grands exportateurs. Don Edwin comprend que ses adhérents soient appâtés par les sommes rondelettes qu'on leur offre. Mais il s'emporte contre cette attitude à courte vue, contre ces petits producteurs qui, s'ils savent compter, ne savent pas calculer, qui n'ont pas compris que l'union fait la force, qu'il vaut mieux recevoir moins d'argent et continuer à bénéficier des services d'assistance technique de la coopérative. De sa serviette noire, don Edwin Acuna sort sans discontinuer des liasses de papiers, des colonnes de chiffres, des documents bancaires. Il vitupère contre ces grandes maisons qui cherchent à les détruire, lui et sa coopérative. Ce que veulent ces grandes entreprises, il en est convaincu, c'est se débarrasser des organisations de producteurs qui leur tiennent la dragée haute, qui n'acceptent de leur vendre que la moitié de la récolte et cherchent à accéder par elles-mêmes aux marchés extérieurs pour obtenir les meilleurs prix possibles en évitant les intermédiaires.

Malgré la colère de don Edwin, les mastodontes ont réussi leur prise de contrôle de l'industrie du café. À la fin des années 1990, les six principales compagnies de négoce contrôlaient la moitié des approvisionnements internationaux. Ces négociants sont bien naïfs ! La décision américaine et la fin de l'époque des quotas, que certains d'entre eux appelaient de leurs vœux, mettent un point final et définitif à leur âge d'or. Ils disparaîtront tous les uns après les autres, victimes de la baisse des prix et de l'intégration verticale des filières. Les grands torréfacteurs internationaux ont de moins en moins recours aux intermédiaires. De moins en moins nombreux, courtiers, négociants, importateurs ne résisteront qu'en se regroupant, en fusionnant. À ce jeu-là, les Français seront anéantis. Ne resteront que quelques entreprises britanniques, allemandes et suisses. On les compte sur les doigts des deux mains. En France, c'est la Berezina. À Paris, les négociants en café ont tous disparu. Les frères Bertrand et Bruno Bouvery, agronome de formation pour l'un, mathématicien pour l'autre, ont résisté jusqu'en 2004. Laminés, forcés de concentrer leur activité sur de petits créneaux, pour réduire leurs frais, ils ont licencié leurs derniers collaborateurs et se sont réfugiés dans une propriété familiale, en Normandie. Dans l'une des ailes de cet ancien haras, la batterie d'ordinateurs et de téléphones trône entre une table de billard et une cheminée. Le feu crépite et ne gêne pas les conversations avec les interlocuteurs vietnamiens ou brésiliens : deux pays, deux origines, dont les frères Bouvery sont des spécialistes reconnus. C'est une retraite en bon ordre. Les dirigeants des compagnies de négoce qui survivent se défendent de pousser les prix du café à la baisse. Ils ne sont après tout que des intermédiaires, et renvoient la responsabilité de la chute des cours à l'étage supérieur, responsable de tous les maux, sur les géants de l'industrie mondiale du café qui concentrent dans leurs mains un pouvoir croissant. Les compagnies Nestlé, Philip Morris, Sara Lee, Procter & Gamble torréfient en effet à elles seules plus de la moitié des volumes de café vendus dans le monde.

Nestlé produit ainsi 56 % du café soluble consommé sur la planète, grâce en particulier au robusta vietnamien dont la multinationale suisse est un des principaux acheteurs. Ce robusta vietnamien, réputé de mauvaise qualité, est donc meilleur marché que les autres origines : les paysans des hauts plateaux n'ont pas encore le métier ni le doigté de leurs concurrents. Officiellement, la compagnie suisse déplore cette situation et la faiblesse des cours sur les marchés mondiaux. Elle se dit ouvertement favorable à la création d'un mécanisme qui assurerait la stabilité des prix de manière à garantir aux producteurs un niveau de rémunération satisfaisant et aux torréfacteurs des débouchés croissants. Nestlé se défend également de tirer les prix du café vers le bas. La compagnie, dont le siège est à Vevey, n'achète pas plus de 12 % de la production mondiale de café. « C'est insuffisant pour faire évoluer les cours du marché à la hausse ou à la baisse », affirment ses dirigeants dans un communiqué de presse de juillet 2002. Et de renvoyer, à leur tour, la responsabilité vers les grandes chaînes de supermarchés, Walmart, Tesco, Carrefour, Ahold, accusées d'imposer leurs prix aux torréfacteurs.

Nestlé enfonce le clou

Bien sûr, il serait excessif d'imputer à Nestlé la seule responsabilité de la situation qui prévaut sur le marché mondial du café. Pourtant, ce grand torréfacteur ne peut s'exonérer de ses responsabilités. Les traders de Nestlé ont ainsi mis au point, ces dernières années, un mécanisme d'achat qui s'apparente à un système très sophistiqué de torture économique. Le système en question se trouve sur Internet. C'est un site d'enchères. Tous les mois, les acheteurs de Nestlé fixent rendez-vous aux négociants, petits ou grands, pour des séances de vente particulièrement barbares. N'accède pas au site qui veut. Il faut d'abord connaître le *login* et le mot de passe. Donc être invité. Nestlé affiche les volumes dont ses usines ont besoin. Ces besoins sont bien sûr exprimés en dizaines, voire centaines, de milliers de sacs et les livraisons s'étalent parfois sur une année entière. Tout négociant qui se respecte se doit de participer aux appels d'offres s'il veut réellement exister, Nestlé étant l'un des principaux acheteurs. S'engager à livrer sur une année, c'est prendre un risque colossal, puisque personne ne sait ce que donneront les récoltes à venir. Ne pas répondre présent est parfois pire. C'est se condamner à la marginalité puis à la disparition. L'appel d'offres n'est donc pas banal. Il devient ici tout à fait exceptionnel car la multinationale a – un peu – corsé l'affaire. Dès que les propositions des négociants, des courtiers sont enregistrées, elles sont classées par ordre de prix décroissant. Le négociant proposant la marchandise au prix le plus faible est numéro un. Ce n'est pourtant là que le début du jeu du chat et de la souris. Tous les concurrents sont individuellement avisés de leur classement : « Vous êtes numéro deux, trois, quatre, etc. Si vous voulez l'emporter, baissez votre prix. » Parfois, un participant peu enclin à baisser son offre reçoit un coup de fil d'incitation. L'important sur ce marché étant de faire du chiffre, la plupart des négociants entrent dans le jeu et revoient leur prix à la baisse. Il peut ainsi y avoir un, deux, trois rounds d'une demi-heure chacun, pas une minute de plus, jusqu'à ce que Nestlé obtienne le prix voulu par ses managers.

Début septembre 2004, la multinationale suisse a de cette manière acheté en quelques heures 120 000 tonnes de robusta, l'équivalent de ses besoins pour 2005. La vente s'est conclue par un différentiel de - 145 dollars pour la production vietnamienne, de - 170 pour la production ivoirienne. C'est-à-dire que Nestlé s'est assuré de gros volumes de café 145 ou 170 dollars moins chers que le prix officiel affiché sur le marché à terme de Londres, la référence pour le robusta. « J'en pleurais », dit un négociant londonien, qui a passé quelques moments douloureux face à son ordinateur. Ce négociant, jadis fier de son métier, capable d'équilibrer le marché, de jouer entre l'offre et la demande, d'acheter en prévision de hausses de prix à venir génératrices de marges importantes, au risque tout aussi important de se tromper et de prendre une gamelle magistrale, s'est vu dépouillé des attributs de sa profession. Il en veut à Nestlé de supprimer ainsi le facteur humain, de tout laisser faire à une machine avec seulement trois traders aux commandes. Chez Nestlé, le recours aux enchères inversées a en effet, là aussi, contribué à réduire les effectifs. D'une vingtaine de traders répartis sur tout le continent européen seul un trio subsiste à Croydon, dans les faubourgs de Londres. L'inventeur du système, Paco Jurado, est un Espagnol issu de la bourgeoisie madrilène. Autrefois à la tête d'une entreprise familiale de torréfaction cédée à Nestlé en raison de bagarres entre actionnaires, il est le premier à utiliser le système des enchères inversées sur le marché espagnol, à la demande des dirigeants de Nestlé à Vevey. Puis, en octobre 2003, le système est étendu. Depuis son bureau de Croydon, Paco Jurado centralise les achats de Nestlé pour l'Europe, l'Afrique, l'Océanie et le Japon.

La machine ainsi mise au point, très sophistiquée, permet de réduire les coûts. Pour les négociants, pactiser avec Nestlé, c'est se passer la corde au cou et resserrer soi-même le nœud coulant. La seule solution pour s'en sortir, c'est de répercuter la baisse aux origines. La conséquence ultime des ventes aux enchères de Nestlé est donc d'exercer une pression supplémentaire sur les prix du café versés aux producteurs. Une baisse d'autant plus forte et générale, qui s'impose à tous les acteurs du marché, que Nestlé, dès la vente réalisée, expédie ses escouades de traders sur les marchés à terme de Londres et de New York avec ordre de faire baisser les cours au niveau de ce qui a été conclu sur le site des enchères inversées. Il ne faudrait pas en effet que les économies réalisées sur le café physique soient annulées par des pertes sur le marché à terme où tout professionnel qui se respecte et veut survivre doit aller « s'arbitrer ». De leur côté, une fois la vente scellée, les malheureux négociants n'en ont pas fini avec Nestlé qui impose des rythmes et des délais de livraison modulables en fonction de ses intérêts propres. Nestlé oblige à recourir aux compagnies de transport maritime et aux transitaires par elle choisis. Ainsi les négociants deviennent-ils de simples instruments de réduction des coûts et des cours aux mains de l'une des plus puissantes multinationales qui soient.

Épilogue

Au mois de mars 2004, quelques mois avant que les cours du café ne commencent à se rétablir, début 2005, ils avaient retrouvé leur niveau de 1999, la Banque mondiale confirmait les dégâts provoqués par la disparition de la politique des quotas. La baisse historique des cours a abouti à la mise en place d'un système commercial qui contribue par sa structure même à la ruine des producteurs. La surproduction et la chute des prix ont conduit à la concentration de la production. Trois pays, le Brésil, la Colombie et le Vietnam, fournissent aujourd'hui 66 % de la production mondiale de café. Ils n'en produisaient que 44 % en 1992. Malgré leurs efforts, malgré leurs tentatives désespérées pour survivre, les autres producteurs en Afrique ou en Amérique centrale sont marginalisés. Du côté des torréfacteurs, constatent encore les experts de la Banque mondiale, l'abondance de l'offre a permis de mettre en place de nouvelles stratégies. On achète ce dont on a besoin au prix le plus bas. C'est ce qu'on appelle le flux tendu. Par ailleurs, les torréfacteurs ont modifié la technologie de leurs usines pour pouvoir utiliser les cerises de café les moins chères. C'est ainsi que l'accent a été mis sur les cafés solubles qui permettent d'utiliser les robustas de la pire qualité, ceux produits par le Vietnam par exemple. Dans cette dynamique-là, Tito Morales du Guatemala, don Fernando Felipe Teran du Costa Rica, les petits producteurs du Cameroun ou du Vietnam ne pèsent pas lourd. À New York, les cours de l'arabica ont beau avoir amorcé un net redressement fin 2004, Francine et Nicole, les alertes septuagénaires des beaux quartiers parisiens, peuvent encore attendre longtemps l'amélioration de leur tasse de café.

3.

COTON

Loin de l'image de douceur et de confort qu'il suggère, le coton est depuis 2001 l'enjeu d'un conflit planétaire. Cette guerre du coton oppose des producteurs répartis sur les cinq continents. De l'Europe à l'Australie, des États-Unis à l'Afrique, chacun défend son pré carré avec la dernière énergie. Début 2005, les Américains dégainaient en écrasant le marché mondial sous une production jamais vue : 20 millions de balles de coton de 220 kilos chacune. C'était la réponse à tous ceux, Brésiliens ou Africains, qui, accrochés à leurs basques, tentaient de paralyser l'économie cotonnière américaine, voulaient la démanteler, l'effacer de la carte économique internationale. Fin 2004, à la demande des Brésiliens, l'Organisation mondiale du commerce condamnait en effet les pratiques commerciales américaines. Quant aux Africains de l'Ouest, relayés par quelques ONG, ils ont décroché le beau rôle dans le scénario qui se joue depuis 2001. Un rôle dans lequel ils excellent : celui de la victime méritante.

Tout a commencé en 2001. Les cours du coton ne cessent de chuter. Sous les habituelles courbes de volatilité se dissimulait une tendance lourde, très lourde, apparemment inexorable, à la baisse. D'un côté, l'industrie textile a de plus en plus recours aux dérivés pétroliers, aux tissus synthétiques et la consommation de coton n'en finit pas de décliner. En Asie, d'énormes investissements ont été consentis pour démultiplier la production de polyesters et autres Nylons. Ignorant ce mouvement, de l'autre côté, la production de coton ne cesse d'augmenter. Des vastes plaines d'Asie centrale à celles d'Australie, des nouveaux champs de coton de la région du Mato Grosso brésilien à ceux, historiques, du Mississippi américain, de la production transgénique d'Inde à celle de Chine, au nord comme au sud de l'équateur, dans les deux hémisphères, dans les pays pauvres comme dans les pays riches, partout, on plante du coton. À tout moment de l'année, du 1er août au 30 juillet suivant, dates officielles de la saison cotonnière pour les statisticiens, on récolte les petites boules blanches. Ici, en Ouzbékistan, les étudiants sont autoritairement envoyés aux champs par le tyran local pour tenter de respecter les objectifs assignés par le plan, dernière réminiscence d'un soviétisme caricatural et agonisant. Là-bas, au Brésil, aux États-Unis, les moissonneuses s'ébranlent pour avaler de longues rangées d'arbustes et recracher une cascade de coton qui sera plus tard compactée avant l'égrenage.

Dans ce contexte mondial, où la course au gigantisme et à la mécanisation ne connaît pas de limites, les Africains boxent dans une autre catégorie. Leurs exploitations dépassent rarement les cinq hectares. Ainsi au Burkina Faso. Enclavé, tout comme le Tchad, le Burkina Faso cultive essentiellement le coton dans la région de Bobo-Dioulasso. À l'approche de la ville, de grands panneaux publicitaires exaltent l'importance du coton, « l'or blanc » local. L'or ne coule pourtant pas à flots dans la région. L'électricité est réservée aux principales agglomérations. Dans les villages, on va chercher l'eau au puits communal. Les chèvres errent en toute tranquillité au milieu des habitations. Et dans les champs, les paysans n'offrent qu'une très vague ressemblance avec l'idée qu'on peut se faire de Crésus.

Samou Waradou, paysan burkinabé de la région de Bobo-Dioulasso, une cinquantaine d'années, est à la tête d'une petite exploitation de cinq hectares morcelée en trois lots dans la plaine de la Koumbia. Père de sept enfants, dont les plus âgés travaillent déjà la terre, il constate la dégradation de son niveau de vie. « Une fois qu'on a remboursé ce qu'on devait pour les engrais, les insecticides, les pesticides, il ne reste presque plus rien pour nous », dit-il. Ses difficultés, Samou Waradou les date de l'année 2000. Assis sur un petit tabouret de bois, au pied d'un arbre qui dispense une ombre bienvenue, entre un champ de coton et un autre de maïs, près d'une cahute de terre au sol jonché d'un modeste tapis qui sert de refuge nocturne en période de travail, Samou Waradou est accablé mais silencieux. Debout, en retrait, son épouse Boukien se montre plus loquace. « Il y a moins à manger. On ne peut plus s'acheter de vêtements. Avant, quand je voulais, je pouvais m'acheter les ustensiles dont j'avais besoin pour la cuisine. Maintenant, c'est fini. On ne produit du coton que pour payer les engrais. Je regrette, ajoute-t-elle, qu'on continue à en produire. » Samou, son mari, voudrait bien arrêter. « Mais, dit-il, si on ne fait que du maïs, qui nous l'achètera ? »

Le maïs abonde en effet dans la région. C'est une culture purement vivrière qui ne procure guère d'espèces sonnantes et trébuchantes, pas plus que le sésame qu'on cultive alentour. Il n'y a pas de marché. C'est pourquoi, année après année depuis qu'il a l'âge d'homme, Samou continue à semer le coton. Au mois de mai, son champ est déjà couvert des premières feuilles de cotonnier. Il faut surveiller leur croissance, éliminer les pousses trop vivaces qui s'enchevêtrent et mettent en péril les plants qui les portent, espérer un minimum d'eau. À l'approche du mois de janvier, il faut embaucher une main-d'œuvre très nombreuse, plusieurs dizaines d'hommes par hectare, pour récolter en une ou deux journées et attendre le verdict des acheteurs de la Sofitex, la société nationale cotonnière du Burkina Faso. Pour tous les paysans producteurs de coton, l'attente de ce verdict est une angoisse. En effet, si le coton ne correspond pas aux normes de qualité minimales, il ne sera pas payé.

C'est la situation catastrophique que vit, en ce printemps 2003, le paysan Onitias. Quelques kilomètres d'une piste de terre sèche le séparent de Samou et de Boukien Waradou. Mais Onitias est au fond du gouffre. Un gouffre de déprime. « Plutôt la mort que la honte », explique-t-il au dirigeant du village qui l'écoute. C'est que son coton a été jugé impropre à la transformation. Il ne sera pas égrené, pas payé. Comme tous ses collègues, Onitias comptait sur l'argent de la récolte pour payer les engrais et les insecticides fournis par la société nationale cotonnière, au moment des semis. Sans coton, sans revenus, endetté jusqu'au cou, il n'a pas le choix : pour rembourser, il doit vendre ses maigres biens, quelques têtes de bétail. Jusqu'à la prochaine récolte, il ne pourra plus nourrir sa famille. C'est la ruine, c'est la honte. Onitias parle de se suicider. Tout le monde sait qu'il pourra compter sur les villageois et ses menaces ne sont guère prises au sérieux. Dans quelques jours, Onitias aura retrouvé le chemin de ses terres. Il lui faudra rapidement brûler ce qui reste de ses cotonniers, minces brindilles qui disent la fragilité de cette vie. Déjà, dans la plaine de la Koumbia, les champs sont verdoyants. Pliés en deux, femmes et enfants sarclent la terre pendant que les hommes creusent les sillons, penchés, pour les plus fortunés d'entre eux, sur une charrue que tire un zébu.

Malloum, le pèlerin du coton

L'un des principaux porte-parole des paysans africains, l'un des rares à pouvoir s'adresser aux dirigeants politiques comme aux milieux d'affaires, Ibrahim Malloum est le représentant de la Compagnie cotonnière tchadienne, la Cotontchad, à Paris. Ce quinquagénaire longiligne compte parmi les premiers à avoir osé imaginer que le Tchad pourrait s'en prendre à la principale puissance mondiale. Comment un pays aussi pauvre, dont la population vit d'agriculture et d'élevage, se dresserait-il contre les maîtres du monde, par ailleurs grands producteurs et exportateurs de coton ? Ce déséquilibre aurait pu réduire à néant toute velléité de contestation. Les Tchadiens et les autres pays africains auraient pu se contenter des miettes du festin, prendre ce qu'on voulait bien leur laisser, au prix fixé par le marché. Mais s'il est un marché sur lequel les Africains jouent un rôle de premier plan et peuvent parler haut et fort, c'est celui du coton. Ne sont-ils pas, ensemble, au troisième rang des producteurs et exportateurs de coton, derrière les Chinois et les Américains ?

Cela ne s'est pas fait du jour au lendemain. Ibrahim Malloum est bien placé pour le savoir. Ce fils d'un notable local se souvient qu'enfant, dans les années 1950, sa famille, comme toutes celles du sud de son Tchad natal, se devait d'avoir sa « corde », son demi-hectare de coton. C'était la loi. Les Français espéraient introduire un peu de modernité dans une économie essentiellement faite de troc. La mesure n'était pas désintéressée. Fournir des ressources monétaires à la population, c'était aussi pouvoir lever l'impôt. Dans ces années-là, à Bongor, ville natale d'Ibrahim Malloum, tout près de la frontière camerounaise, environ soixante-dix Blancs expatriés contrôlaient l'activité de la filière coton de la région. Ils occupaient les postes de direction, étaient aussi comptables, mécaniciens, responsables des pièces détachées, agronomes. Ils dirigeaient, conseillaient, pilotaient. Ils étaient français ou belges. Plus tard, après l'indépendance de l'Angola et du Mozambique, viennent s'ajouter quelques Portugais. Tout ce petit monde vit dans un quartier protégé à proximité immédiate de l'usine d'égrenage. Chaque famille a sa villa et son jardin. Un peu plus loin vivent les contremaîtres africains regroupés dans des cases et, plus à l'écart, encore les ouvriers de l'usine. Quand vient l'époque de la récolte, Ibrahim Malloum et ses copains vont volontiers aux champs pour participer à la récolte. Le travail semble léger à cette jeunesse qui n'a pas l'obligation d'aller courber le dos des journées entières sans discontinuer.

Un demi-siècle plus tard, Ibrahim Malloum s'active au rez-de-chaussée d'un banal immeuble de bureaux de la rue de Monceau, dans le 8e arrondissement parisien. C'est là qu'il s'ingénie à commercialiser la récolte de coton de son pays natal. L'œil rivé sur l'écran d'ordinateur qui lui donne les cotations internationales, au téléphone avec un acheteur indien, le représentant d'un grand négociant américain assis en face de lui, Malloum tente d'esquiver les pièges du marché. C'est le métier et, qu'on soit un trader isolé ou qu'on travaille au sein d'une équipe, il est rare de ne pas trébucher.

Effectuant souvent l'aller-retour Paris-N'Djamena pour rendre des comptes à la direction de son entreprise, Malloum, président de l'Association cotonnière africaine depuis 2002, trimballe aussi sa longiligne silhouette dans tous les cénacles internationaux qui rassemblent régulièrement les professionnels du coton. À Deauville, où l'Association française du coton réunit tous les ans à la mi-octobre ses membres et invités, en Australie ou aux États-Unis, en boubou blanc ou bleu, Ibrahim Malloum entonne alors un refrain qui lui est devenu familier : celui de la contestation de l'ordre cotonnier établi. « Comment admettre, tonne-t-il, que les paysans africains, les sociétés cotonnières africaines et leurs gouvernements soient obligés de faire face à un marché truqué, où les cartes sont biaisées ? » Comment admettre, explique-t-il conclave après conclave, conférence après conférence, que les producteurs américains et européens, dont les coûts de production sont très supérieurs à leurs concurrents africains, puissent inonder le marché mondial grâce à d'énormes aides gouvernementales ? Comment l'admettre quand, au même moment, face à un marché mondial dépressif, les paysans africains ont de plus en plus de mal à survivre, privés de toute subvention publique, leurs gouvernements n'en ayant pas les moyens ? Puis Malloum décrit les conséquences catastrophiques du marasme du prix du coton sur les économies africaines. Les pertes accumulées par les sociétés cotonnières, par les entreprises publiques qui gèrent la production et la commercialisation, ne peuvent pas être compensées par les finances publiques. Les États africains sont en effet engagés dans des plans d'ajustement structurels sous la houlette du FMI et de la Banque mondiale. Ainsi encadrés, les gouvernements de ces États ne peuvent jamais venir en aide aux producteurs ni aux sociétés cotonnières. Celles-ci cessent d'entretenir les pistes qui mènent aux zones de production les plus reculées. Peu à peu, ces dernières deviennent inaccessibles et le coton s'y fait de plus en plus rare. Parfois, la recherche agronomique n'est plus financée. À terme, la survie du coton africain s'en voit menacée. Et, plus généralement, la santé sociale, économique et financière de ces contrées. Car au Bénin, au Burkina Faso, au Mali, au Tchad, le coton est l'une des principales ressources, l'un des principaux vecteurs de développement.

Ibrahim Malloum a même été invité en 2002 à s'exprimer à Liverpool. Bien que la grande ville britannique ne soit plus la capitale industrielle qu'elle fut naguère, elle reste l'une des références du monde cotonnier. Héritage des heures grandioses, où le cliquetis des métiers à tisser s'entendait d'un bout à l'autre de la ville, Liverpool est toujours le siège d'une « Liverpool Cotton Association », gardienne du règlement international du coton. Ce sont les Tables de la Loi. Ce document régit 90 % des échanges mondiaux de coton. Les normes qu'il édicte sont universellement respectées. En cas de désaccord entre acheteurs et vendeurs, que ce soit en France, en Inde ou aux États-Unis, un arbitrage est rendu à Liverpool. Chacun est tenu de s'y plier. Les récalcitrants s'exposent à figurer sur une liste noire diffusée *urbi et orbi*. Ce qui équivaut à un arrêt de mort commercial.

C'est aussi à Liverpool que se concocte l'une des principales références du marché du coton : l'« indice Cotlook ». Tous les jours, les représentants de l'honorable maison Cotlook joignent les traders américains, les négociants suisses, les filateurs turcs, les courtiers espagnols et quelques autres pour connaître le prix réel des transactions. Puis une moyenne générale est faite : il s'agit de l'indice Cotlook A, la boussole des traders sur le marché du coton. C'est le prix du coton sur le marché physique, une photo de la réalité quotidienne là où le marché à terme new-yorkais est purement spéculatif. À peine 1 % des contrats échangés sur ce marché débouche en effet sur une transaction physique. On n'y achète et n'y vend que du papier. Cotlook produit aussi un indice exclusivement africain qui donne le *la* aux tractations entre les producteurs africains et leurs clients. Enfin, derniers vestiges de la puissance coloniale britannique, quelques négociants sont toujours installés dans ce qui fut le berceau de l'industrie textile européenne.

Cette tradition préservée fait de Liverpool l'une des Mecque du coton, l'endroit vers lequel converge tous les ans, début octobre, quelques jours avant le dîner français de Deauville, le gratin des traders, des négociants, des filateurs et des producteurs. Banquiers intéressés dans le commerce du coton, assureurs et armateurs ne rateraient pour rien au monde cette grand-messe. Après quelques réunions destinées à faire le point sur l'état du marché mondial et sur les principales perspectives économiques internationales, le millier de participants abonnés à ces agapes se retrouve dans une dépendance de l'hôtel de ville pour un dîner en grande tenue. Les hommes sont en smoking ou en habit traditionnel, les femmes en robe de soirée, en sari ou en boubou. Après avoir salué chacun des mille invités à leur arrivée, suivant la plus pure tradition classique britannique, le président de la Liverpool Cotton Association est solennellement escorté vers sa table par des huissiers sur leur trente et un. Le dîner est régulièrement interrompu par des toasts à la nation, à Sa Majesté la reine d'Angleterre ou au maire de Liverpool. Chacun, debout, doit trinquer. Le rituel est surprenant la première fois, pesant la deuxième. Mais il faut être là pour capter l'ambiance, le climat du marché, glaner une information ou un contact nouveau qui, demain, donnera lieu à une affaire. Et l'Afrique participe de ces discussions, de ces échanges, de ces contacts bilatéraux discrets dans des chambres d'hôtel. Car l'Afrique fait partie intégrante du vaste chantier de la mondialisation cotonnière. Elle se plaint, elle trépigne, elle hurle. Mais elle existe car elle produit et vend.

Dans la plupart des pays d'Afrique de l'Ouest, les exportations de coton assurent en effet une part non négligeable du produit intérieur brut et plus encore des rentrées en devises étrangères. C'est le résultat d'un long effort, d'une volonté politique inscrite dans le temps. En 1950, à l'époque où Ibrahim Malloum était enfant, l'Afrique francophone n'affichait qu'une production symbolique : 28 000 tonnes ! Trente ans plus tard, en 1980, la récolte est de 216 000 tonnes. Depuis, les Africains n'ont cessé d'accélérer la cadence. Au début du XXIe siècle, les Africains francophones récoltent environ un million de tonnes de coton par an. Ils font aussi bien que les pays d'Asie centrale, mieux que les Indiens ou les Australiens. Ils sont, selon les années, sur la deuxième ou la troisième marche du podium des exportateurs de coton. Ce n'est pas une mince réussite.

Le coton africain est français

Bien sûr dû au labeur des paysans et des cadres africains, ce succès a été orchestré par la Compagnie française des textiles. Bras séculier des autorités françaises dans la filière cotonnière africaine depuis l'époque coloniale, la Compagnie française pour le développement des fibres et des textiles (CFDT), aujourd'hui rebaptisée Dagris, garde encore d'importantes participations au capital des sociétés cotonnières africaines : de 19 à 50 % selon les cas. Au Mali, les Français contrôlent toujours 40 % du capital de la CMDT, la principale société cotonnière de la région. Le Mali produit en effet à lui seul la moitié du million de tonnes récolté tous les ans dans cette zone. Mais partout, la conception française de l'organisation de la filière, une centralisation totale des opérations agricoles et commerciales, est en perte de vitesse. C'est la conséquence des pressions exercées sur les États africains par les organismes financiers internationaux. Comme dans les autres secteurs économiques, ces institutions n'ont cessé de pousser les gouvernements de Cotonou, de Bamako, de Yaoundé, d'Abidjan à privatiser leur filière coton. Le succès a été mitigé. Comme toujours, la Côte-d'Ivoire a été la première à céder aux pressions. Les usines d'égrenage – le principal actif de cette industrie – ont été cédées à deux entrepreneurs privés, dont l'Agha Khan. Ailleurs, au Bénin, près de la moitié des dix-huit usines d'égrenage ont été remises à des investisseurs privés. Mais la filière cotonnière de ce petit pays est l'une des plus mal gérées qui soient. Le potentiel cotonnier du pays est faible. Cela n'a pas empêché l'État d'aider quelques industriels amis à mettre sur pied un appareil industriel largement surdimensionné.

Encore limité, le mouvement de privatisation des filières cotonnières ouest-africaines est toutefois inexorable. Même les Français de Dagris y participent. En 2004, ils obtiennent la gestion d'une zone encore peu exploitée, au nord-est du Burkina Faso. Ils sont désormais les seuls à pouvoir acheter leur coton aux paysans de cette région, à l'égrener et à l'exporter. La chose peut sembler curieuse. Les dirigeants de la CFDT-Dagris ont été à la pointe du combat contre la privatisation de ces entreprises, soutenue par le FMI et la Banque mondiale. Aujourd'hui ils s'adaptent et se fondent dans le moule libéral. Passant cependant d'une bataille à l'autre, les dirigeants de cette entreprise publique française ont joué un rôle clé dans le déclenchement de la bagarre contre les subventions versées par leurs gouvernements aux producteurs de coton américains.

Les premières salves publiques sont tirées au mois d'octobre 2001, à l'occasion de la réunion annuelle à Deauville de l'Association française du coton. Leur auteur : Dov Zerah, qui préside, depuis quatorze mois, aux destinées de Dagris. Ce haut fonctionnaire, passé par le cabinet d'Édith Cresson à la Commission européenne de Bruxelles puis par celui de Corinne Lepage au ministère de l'Environnement, s'interroge publiquement sur les capacités de survie de la filière africaine face à des productions archi-subventionnées. « Aux États-Unis, s'insurge-t-il en ce mois d'octobre 2001 devant plusieurs centaines de convives, pour chaque livre de coton, les producteurs reçoivent 52 cents de leur État fédéral. » Cette ardeur tiers-mondiste ne laissait pas de surprendre. Quelle mouche le piquait donc ? Pourquoi se lancer ainsi à l'assaut de la forteresse américaine ? Ah ! certes, l'idée était généreuse que de partir en campagne pour défendre les protégés africains ! Après tout, n'était-ce pas le rôle de la société, mère et tutrice des cotonniers africains, que de les prémunir contre le danger ? N'était-ce pas là incarner à sa manière la grandeur de la patrie des droits de l'homme ?

Dov Zerah ne fait alors que reprendre les positions de son prédécesseur à la tête de la CFDT. En 1999, l'homme qui lui cède les manettes, Michel Fichet, est un protégé de Jacques Chirac dont il a assuré la communication dans les années 1980. Ancien responsable du service « contentieux » de la direction des ressources humaines du groupe Peugeot, il préside la CFDT pendant douze ans. Il s'y illustre par sa clairvoyance politique comme par son inaction. Hostile au démantèlement des filières cotonnières africaines, il dénonce les subventions américaines et passe les dernières années de son mandat à guerroyer contre la Banque mondiale et le FMI, allant jusqu'à refuser de s'exprimer en anglais. C'est une guerre secrète, dont personne ne perçoit les échos. Pas de déclaration publique, pas de tribune dans la presse ! Les convictions de la CFDT et de son président ne sortent pas des cercles africanistes les plus restreints. Quelle utilité ? Fichet est animé d'un pessimisme absolu. Il est convaincu de l'inexorabilité de la défaite des positions qu'il défend face à la Banque mondiale, de la disparition à terme de la société qu'il préside. Il s'enferme dans sa tour d'ivoire et laisse faire. Pendant douze ans, la CFDT, présente aux conseils d'administration des sociétés cotonnières africaines, ne lève pas le petit doigt face aux dérives qui les gangrènent. La gestion y est parfois apocalyptique. La trésorerie sert de caisse noire aux gouvernements en place, en particulier au Mali où la corruption est généralisée. Les actifs de ces sociétés sont ridicules, leur passif impressionnant. Ce qui obère grandement les résultats de la CFDT, actionnaire essentiel de ces entreprises.

Patron d'une entreprise à capitaux publics mais opérant sur un marché mondial très concurrentiel, Dov Zerah a le sentiment d'être pris dans un étau. Ses filiales ne contrôlent ni le prix d'achat de leur coton aux paysans – celui-ci est fixé par les gouvernements africains –, ni le prix de vente sur le marché mondial, déterminé par la Bourse de New York. La centralisation de la filière, telle qu'elle existe, telle qu'elle a été conçue et appliquée par ses nombreux prédécesseurs, lui semble la solution idéale pour réduire les coûts de revient ; mais la Banque mondiale n'en veut plus. Alors que, partout, la mondialisation aboutit à des regroupements et à des concentrations d'entreprises, en Afrique, la Banque mondiale veut au contraire démanteler les rares entreprises cotonnières subsistantes, quand les fonctionnaires et les politiques ne les pillent pas ou quand les cours mondiaux du coton ne sont pas trop faibles.

Dov Zerah a besoin de marges de manœuvre financières. Il charge les experts de Dagris de détecter les distorsions du marché, le moyen de grappiller quelques cents de dollar par livre de coton. Les subventions américaines font problème, c'est une évidence. Le patron de Dagris cherche à vendre l'idée aux autorités françaises et européennes. L'accueil est plutôt frais. Pourquoi aller chercher des poux dans la tête des Américains ? Les Européens eux-mêmes ne subventionnent-ils pas les producteurs de coton grecs et espagnols ? Car si les Américains distribuent de généreuses subventions à leurs producteurs, certains d'entre eux pouvant recevoir jusqu'à 150 000 dollars par an, les Européens sont à l'époque encore mieux lotis. Au total, les Européens produisent beaucoup moins que les Américains. Le budget « coton » de l'Union européenne est minime. Mais, pour chaque livre de coton produite, les Grecs et les Espagnols sont assurés de toucher près de 1 dollar. L'État fédéral américain garantit 82 cents minimum à ses planteurs. Quant aux Africains, ils doivent se contenter de ce qu'offre le marché : 30 cents en 2001 ! Comment les Français pourraient-ils convaincre Bruxelles de s'en prendre aux subventions américaines sans mettre en cause les subventions européennes ? À Paris comme à Bruxelles, les efforts de lobbying de Zerah semblent vains. Le sort des cultivateurs de coton africains n'intéresse personne et on ne veut surtout pas se trouver embringué dans une nouvelle bagarre avec les Américains.

Pourtant, Dov Zerah s'acharne. L'offensive sur les subventions lui permet de jeter un voile pudique sur les difficultés de l'entreprise et de sa filiale américaine, ACSI. Rachetée dans les années 1980, ACSI est une société de négoce. Elle pourrait permettre aux Français de s'implanter aux États-Unis, d'y prendre des parts de marché, de moins dépendre des filiales africaines. Hélas ! le mauvais sort qui s'acharne contre les sociétés françaises aux États-Unis frappe encore. Cinq ans après l'achat, incapable de faire face aux appels de fonds du marché à terme de New York, ACSI est liquidée. La poule aux œufs d'or se révèle un gouffre. Les actionnaires français doivent assumer une ardoise de 16 millions de dollars. Celle-ci aurait normalement dû conduire au dépôt de bilan de la CFDT. Mais on ne laisse pas disparaître comme cela un des bras de la politique française en Afrique. Le ministère des Finances paie. L'ardoise américaine est effacée.

Curieux retournement de situation ! Actionnaire majoritaire d'une entreprise américaine de négoce du coton, Dagris aurait pu, indirectement, bénéficier du système des subventions qu'elle combat dorénavant. ACSI en bonne santé, Dagris et ses dirigeants ne se seraient pas lancés avec autant de fougue dans la bataille ! L'aventure terminée, rejetés vers les seuls rivages africains, les voilà boutefeux, hardis pourfendeurs de la politique américaine, lancés à l'assaut d'une place qui a toutes les apparences d'une inexpugnable citadelle. La mécanique des subventions mise au point par les lobbies agricoles américains est sans faille. Rares sont les brèches par lesquelles le marché peut s'engouffrer. Tous les problèmes, toutes les avanies économiques sont prévus. Toutes les branches de la filière peuvent œuvrer, rassurées, à l'abri d'une muraille de dollars : 4 milliards de dollars, que quelques coups de fil, quelques simples documents administratifs suffisent à débloquer ! 4 milliards de dollars ! Excusez du peu ! Le Burkina Faso ou le Tchad aimeraient bien avoir cette seule enveloppe comme budget annuel. Ils en sont loin.

Le coton américain est... universel

C'est de Memphis, capitale de l'État du Tennessee, que partent beaucoup des initiatives en faveur des cotonniers américains. La plupart des grands négociants américains et nombre d'organisations de producteurs y ont leur siège. C'est aussi là que viennent se former, en quelques mois, à l'Université du coton, les traders américains qui abordent ce marché. En quelques semaines, on y apprend ce qu'est une fibre, comment l'analyser, comment en tirer le meilleur parti, comment la vendre au mieux. À l'est de Memphis se trouvent les plantations à l'ancienne, celles où subsiste un peu du parfum d'antan. De la Caroline du Sud à la Géorgie en passant par l'Alabama, les exploitations atteignent en moyenne les deux cents hectares.

À l'ouest de Memphis, c'est le règne du gigantisme. La moindre plantation se mesure en dizaines de milliers d'acres. Le Texas, grand comme la France, est un monde en soi et celui des producteurs de coton un univers fermé. Sur une de ces routes rectilignes qui longent les champs, on peut parfois croiser une Cadillac blanche décapotable qui avance à vive allure. En lieu et place de la plaque d'immatriculation, un « Z », encadré du vieux drapeau confédéré. Jadis, on marquait les bêtes au fer rouge ; aujourd'hui, on marque les voitures. Perdus dans l'immensité de leurs champs, ces producteurs ignorent le monde extérieur. Ce qui prime avant toute chose, c'est la météo : il s'agit toujours de savoir quels volumes d'eau vont tomber sur leurs plantations. Car la récolte de coton dépend essentiellement de la pluie. Qu'elle ne vienne pas, que la récolte s'annonce décevante, la qualité insuffisante, et tout sera détruit. Mais, récolte ou pas, les subventions fédérales assureront les fins de mois. Il n'y a aucun risque à produire ou pas.

En Californie, c'est encore un autre scénario qui se joue. L'eau y abonde ; l'irrigation va donc de soi. La main-d'œuvre y est rare, la mécanisation totale. Les champs de coton s'étendent à perte de vue. Les rangées de plants s'alignent sans interruption sur des kilomètres. Impossible dans un champ de coton d'apercevoir à l'horizon la couleur d'une autre culture ! L'œil humain ne voit pas assez loin. Les épandages d'engrais se font bien sûr par voie aérienne. Et quand vient le temps de la récolte, d'énormes machines se déploient sur quatre rangées de coton à la fois. Aspirés par de gros rouleaux, coton et branchages disparaissent pêle-mêle avant d'être triés. Les propriétaires de ces plantations n'ont plus grand-chose à voir avec le paysan traditionnel, encore moins avec les cotonniers de l'est de Memphis. Ce sont des hommes d'affaires, rompus aux techniques agronomiques ou financières. Aussi souvent en costume-cravate qu'en bleu de travail, ils produisent aujourd'hui du coton sur la foi des savants calculs auxquels se sont livrés leurs experts. On leur a promis de la rentabilité. Mais que la rentabilité baisse et ils passeront au soja.

Regroupés au sein de puissants lobbies, finançant les campagnes électorales locales ou fédérales, de la Caroline du Sud à la Californie, les quelque trente mille producteurs américains de coton ont recours à des arguments chocs pour emporter la conviction de leurs élus. « Il ne faudrait pas que nous venions à dépendre de l'extérieur pour notre coton comme nous le faisons pour le pétrole », martèlent-ils au cours de la campagne qui a précédé la rédaction de la loi agricole, le « Farm Bill », en 2002. Acharnés à convaincre les Congressistes de la nécessité de renouveler le généreux programme d'aide à la production de coton, ils insistent sur l'importance de leur activité dans l'économie américaine. Plus de trois cent mille emplois directs dans les plantations et bien davantage au niveau national : l'industrie du coton emploierait un Américain sur treize ! et générerait la bagatelle de 40 milliards de dollars de revenus, pour le pays, tous les ans ! Conséquence, les producteurs sont assurés d'avoir l'oreille des politiques et d'obtenir le renouvellement des subventions. « On est obligé de financer toutes les régions du pays de manière égale. On ne peut pas faciliter la vie des céréaliers du Middle West et négliger les cotonniers d'Alabama », expliquent les négociateurs américains à leurs interlocuteurs européens pour justifier l'importance des aides. Assurant une récolte élevée qui pèse sur les prix mondiaux et les tire vers le bas, ce système fait aussi des heureux au-delà des frontières américaines. La vente, à bas prix, de la production de coton américaine sur le marché mondial fournit une matière première peu onéreuse aux filatures chinoises – et demain indiennes –, leur permettant de se développer à un rythme accéléré. Les contribuables américains financent la filature asiatique !

De plus en plus, le coton américain part vers l'étranger. En 2004, pour la troisième année consécutive, les Américains ont exporté deux millions et demi de tonnes, plus de la moitié de leur production de coton. En 2005, la proportion s'annonçait plus importante encore : vingt millions de balles produites, le quart transformé sur place, le reste largement subventionné, partant vers les usines chinoises et indiennes, où une main-d'œuvre, pour l'instant peu rémunérée, produit pantalons et chemises qui sont ensuite réexportés vers les

États-Unis ou l'Europe, anéantissant l'industrie de la filature dans les pays développés. Le système américain de subventions aux producteurs de coton est une arme à plusieurs tranchants. Il fait le bonheur des cultivateurs américains en leur garantissant un revenu régulier. Il permet à quelques pays asiatiques, d'un niveau de développement intermédiaire, de poursuivre leur industrialisation. Mais il organise une répartition mondiale du travail dans l'industrie textile au sein de laquelle les pays africains ne peuvent occuper qu'une place très marginale.

Volant au renfort de ces petits pays producteurs, de nombreux instituts et de nombreux économistes ont apporté, ces dernières années, chiffres à l'appui, la preuve de la nocivité de l'impact des subventions sur les cours mondiaux du coton. Entre 2002 et 2004, sept études ont été rendues publiques, dont deux par le Comité international consultatif du coton (ou ICAC). Sis à Washington, ce Comité regroupe pays producteurs et consommateurs. Sa neutralité, son objectivité ne sauraient être mises en cause. Grâce aux modèles mathématiques utilisés, l'ICAC a estimé que la disparition des aides publiques à la production aurait abouti à une hausse de 70 % des cours mondiaux du coton durant la saison 2001-2002 et de 15 % pour la récolte suivante, pour le plus grand bénéfice des producteurs africains. Plus généralement, les chercheurs tablent tous sur des hausses de cours évoluant, selon les méthodes de calcul retenues et les années choisies, entre 12 et 30 %. On comprend l'intensité de la bagarre déclenchée, au début des années 2000, contre les subventions américaines et européennes !

La polémique a commencé à enfler à ce moment-là, d'abord timidement, plus spectaculairement ensuite, parce que les cours mondiaux s'effondraient. À New York, ils atteignirent leur plus bas niveau historique, 28 cents la livre. Une misère. À ce niveau de prix, personne ne gagne sa vie. Seuls les producteurs américains et européens réussissent, grâce aux subventions qui leur sont versées, à tirer leur épingle du jeu. Théoriquement conçu pour rémunérer la production et fixer un prix résultant de l'équilibre de l'offre et de la demande, le marché libre ne fonctionne plus de manière satisfaisante. Certes, en 2001, la production dépassait largement la consommation, créant un déséquilibre qu'il était logique de retrouver dans les cours. Mais, outre le rôle des subventions américaines, l'intervention des fonds de pension sur le marché new-yorkais fausse de plus en plus le jeu. Échaudés par leurs mésaventures sur les marchés boursiers, par l'implosion de la bulle des nouvelles technologies, appâtés par l'envolée des cours des grands métaux industriels ou du pétrole sous l'influence de la très forte demande chinoise, ces fonds misent maintenant sur les marchés à terme des matières premières. Ils y sont devenus dominants. Plus de la moitié des contrats virtuels de livraison ou d'achat de coton conclus à New York le sont par ces institutions, ce qui contribue à accélérer et à amplifier les mouvements boursiers déclenchés en fonction des données de base du marché : niveaux de production, de consommation et de stocks. Les hausses des cours sont plus brutales, les baisses aussi. Qu'un seuil soit franchi et l'ordinateur, programmé en ce sens, déclenche achats ou ventes. Massifs, répondant à des intérêts financiers, ces mouvements entraînent souvent, dans leur sillage, des producteurs auxquels la volatilité des cours complique sacrément la vie. Les cours baissent ? Allons-y ! Accélérons le mouvement ! Ne nous laissons pas balader par les fonds ! Fixons une bonne fois pour toutes un prix, celui garanti par l'État fédéral ! En cas de forte baisse des cours, les producteurs encouragent donc la tendance. Leur intérêt est que la dynamique soit suffisamment forte pour atteindre, rapidement, le seuil d'allocation des subventions. Une rémunération de 80 cents par livre de coton produite leur est alors assurée.

Cependant, le petit jeu spéculatif peut être dangereux, même pour de grosses maisons américaines. La chute de la maison Hohenberg en janvier 1990 est encore dans toutes les mémoires. Après avoir dirigé la compagnie familiale, fondée par son grand-père en 1879, Julien Hohenberg décide en 1985 de la céder à la multinationale de l'agroalimentaire, Cargill, et de créer sa propre entreprise de négoce du coton, la « Julien Company ». Julien Hohenberg a appris les métiers du coton aux côtés de son père, avant d'aller se former dans les plus prestigieuses universités de la côte est, à la Tufts University de Boston ainsi qu'à Yale. Militant des droits de l'homme, antiségrégationniste, proche de certains mouvements noirs américains, élu par ses pairs « Homme de l'année » en 1967, Hohenberg a bonne presse. En quelques années d'une impressionnante croissance, la Julien Company devient le numéro deux mondial du négoce du coton. Malheureusement, en janvier 1990, tout s'écroule. Les banques estiment que Hohenberg s'est laissé griser par le succès, que ses prises de position spéculatives sur le marché à terme sont hasardeuses et dépassent de très loin les engagements physiques de la société. Il a joué beaucoup plus gros que ce qu'il avait en magasin. C'est la banqueroute ! Il manque 500 millions de dollars. Les biens personnels de Hohenberg sont saisis. À l'annonce de l'élimination brutale d'une des vedettes du métier, les cours du coton à la Bourse de New York chutent soudainement, semant la panique sur les cinq continents, occasionnant des pertes estimées à 100 millions de dollars.

New York étend ainsi son ombre tutélaire sur le marché mondial du coton, sans que rien s'y oppose. Aucune autre place boursière ne vient contester sa domination ! Ni les Chinois, ni les Australiens, ni les Ouzbeks, gros producteurs de coton, n'ont leur marché ! Dans la compétition internationale à laquelle se livrent les producteurs, c'est un indéniable avantage, probablement aussi considérable que l'impact des subventions contre lesquelles la rébellion est sur le point d'éclater.

Les Africains se soulèvent

Pourtant, curieusement, en 2001, lorsque les Africains commencèrent à se révolter, ils n'avaient pas touché le fond. Certes, en 2001-2002, les cours mondiaux étaient à leur plus bas niveau depuis trente ans. Dans toutes les organisations non gouvernementales, dans toutes les officines tiers-mondistes, les bonnes âmes s'apprêtaient à sortir leurs mouchoirs et à marteler le tam-tam revendicatif. Sur le terrain cependant, la tonalité n'était pas au drame. L'année s'annonçait même plutôt bonne. Cela ne tenait en rien du miracle et s'expliquait, tout simplement, par une série de coïncidences. D'abord, la production était en train de battre des records. Pour la première fois, l'Afrique francophone passait la barre du million de tonnes. Preuve d'un remarquable savoir-faire, résultat d'un large accès aux engrais et d'un climat idéal, les rendements étaient optimaux. En dollars, vu le niveau des cours mondiaux, c'était la catastrophe. Mais le franc CFA, très faible cette année-là par rapport au dollar, rétablissait l'équilibre. Chaque tonne de coton vendue rapportait largement de quoi vivre aux sociétés cotonnières. Surtout, les gouvernements africains avaient fixé le prix d'achat du coton aux paysans, avant la débâcle. Et ces prix étaient bons. Au Burkina Faso comme au Mali, principal producteur de la région, on était en période préélectorale. Les dirigeants tenaient à être réélus. Ils soignaient donc le portefeuille des producteurs qui avaient semé à tout-va, en particulier au Mali où, l'année précédente, conséquence de prix aux planteurs trop faibles, la récolte de coton avait été quasi rayée de la carte. En 2001, les paysans n'auraient pas à subir le cataclysme qui s'annonçait.

Cette conviction était confortée par l'attitude des sociétés cotonnières. Fidèles aux règles de bonne gestion, elles avaient vendu à l'avance une partie de leur récolte. De cette manière, elles avaient évité la baisse des cours. Les dégâts avaient pu être limités. La récolte entamée, ces précautions ne suffisaient plus. Il fallait vendre. Les cours avaient amorcé leur descente aux enfers. Peu importe, il fallait se dépêcher de vendre avant qu'à New York la situation n'empire ! Fin décembre 2001, au Mali, au Bénin, au Burkina Faso, en Côte-d'Ivoire, la moitié de la récolte était déjà vendue. Vendue ? Plutôt donnée, bradée à des prix extraordinairement bas, sous le prix de revient, amenant une perte de 430 dollars par tonne ! Pis encore, aggravant la situation, le dollar se mit à décliner. Pour chaque dollar, moins d'euros. Pour chaque euro, moins de francs CFA. C'en était fait de l'ultime filet de protection des producteurs africains ! En monnaie locale, la baisse des revenus devint insoutenable. Avec un prix du coton si faible, comment financer l'achat des produits agricoles de base ? Avec un dollar si bas, comment financer la scolarité des enfants ? Comment se nourrir ? Telles étaient les questions soulevées, dans les campagnes africaines, par la politique américaine.

Les premiers à brandir l'étendard de la révolte furent les Burkinabés. Rien d'étonnant : c'est au Burkina Faso que la filière est la mieux structurée, la mieux gérée, que les paysans y sont le mieux représentés. Ne possèdent-ils pas près du tiers du capital de la société cotonnière nationale depuis 1999 ? Ne détiennent-ils pas depuis 2000 une large majorité de sièges au conseil de gestion, responsable du lancement des appels d'offres ?

Au début, ces néophytes assaillaient de questions les dirigeants de la Sofitex. Puis, les questions se firent plus rares. En l'espace de quelques années, ces cultivateurs accédèrent à la maîtrise financière et industrielle de leur outil de travail. Ce qu'ils découvrirent ne les enthousiasma guère. Le panorama du marché mondial leur apparaissait dans sa cruelle limpidité. C'est un choc ! Le 21 novembre 2001, l'Union des producteurs de coton du Burkina Faso lance pour la première fois un « appel aux producteurs de coton d'Afrique de l'Ouest ». Cosigné par les organisations maliennes et béninoises, le texte met en cause les effets pervers des subventions américaines et européennes : elles stimulent artificiellement la production et entraînent une surproduction et donc la chute des cours sur le marché mondial. « Nous en arrivons à nous interroger, écrivent les signataires, quant à la volonté réelle des pays riches de faire reculer la pauvreté en Afrique. Les producteurs de coton d'Afrique de l'Ouest ont compris que ce n'est qu'au prix de leurs efforts qu'ils peuvent venir à bout de cette pauvreté. Ils se sont mis à la tâche et, au moment où ils obtiennent un nouveau record de production, voilà que, subitement, les cours du coton s'effondrent. »

Qui diable va consulter les sites des producteurs de coton burkinabés ? Les grandes foules d'internautes ne s'y pressent pas. Il en faut plus pour faire trembler la puissante Amérique. Les réseaux catholiques de solidarité se mettent donc en branle. Émus par la menace qui pèse sur les producteurs de coton africains, quelques prêtres français sonnent le rappel de leurs contacts européens. Ils font circuler des textes soulignant l'iniquité de la situation. Au Burkina Faso, ils peuvent compter sur la figure emblématique de François Traoré, le président de l'Union des producteurs de coton du Burkina Faso. En quelques années, il est devenu un habitué des forums internationaux où, souvent habillé d'un boubou ocre tout de coton, il promène son imposante silhouette.

Issu d'une famille de cultivateurs, installée à quatre cents kilomètres à l'ouest de Ouagadougou, la capitale du pays, François Traoré est à la tête d'une petite exploitation où il subit comme tout le monde les aléas du marché mondial. En 2003, il calcule qu'au niveau où en sont les cours mondiaux, son exploitation ne rapportera rien mais perdra environ 3 300 euros dans l'année. Peu enclin à s'enflammer, encore moins à s'épancher, mais fort de la puissance de son organisation et de ses solides convictions, il est la caution des innombrables organisations humanitaires et organismes de coopération qui ont trouvé là une grande cause à défendre. L'appel de François Traoré, l'agitation des ONG, le lobbying de Dov Zerah, le président de Dagris, finissent par créer un appel d'air. Les médias commencent à s'intéresser au dossier.

Pourtant, de nombreuses embûches se dressent encore sur la route de ces croisés du coton. Et les obstacles purement africains ne sont pas les moindres. Si les Européens renâclent à l'idée de partir en guerre contre les subventions américaines, les Africains aussi. De nombreux dirigeants africains ont peur de s'opposer à la puissante Amérique, qui multiplie les pressions sur eux. Les États-Unis ont manifesté une attention croissante au continent noir. Du Tchad au golfe de Guinée, rares sont les zones du continent ignorées par la Maison Blanche, le Département d'État ou par les grandes compagnies pétrolières. C'est que l'Afrique a du pétrole. L'Amérique s'y intéresse, qui veut réduire sa dépendance à l'égard des fournisseurs du golfe Persique. Sous la houlette du président Clinton puis de George W. Bush, les États-Unis développent ainsi un programme, l'AGOA. C'est une loi sur la croissance et les possibilités économiques en Afrique qui octroie une série de préférences commerciales aux États sélectionnés par Washington. En contrepartie, ces pays doivent s'engager à mettre sur pied une économie de marché. Ils doivent aussi permettre l'entrée de biens et de capitaux américains sur leurs territoires. Aucun chef d'État africain ne peut traiter un tel marchandage par le dédain. S'opposer à la politique américaine de subventions aux producteurs de coton pourrait s'apparenter à un *casus belli.* Dans la petite communauté des chefs d'État africains, c'est la panique. Le président sénégalais Wade comme son homologue malien Amadou Toumani Touré rechignent à se lancer dans la bataille. Côté sénégalais, où la production de coton est minime, on peut comprendre l'hésitation à prendre des coups pour un bénéfice relativement réduit. Côté malien, cette prudence est moins compréhensible. Le Mali est en effet le principal producteur de coton de la région et il aurait beaucoup à gagner d'une hausse des prix du coton sur le marché mondial.

Les Brésiliens à la manœuvre

Finalement, malgré ces réticences, sous la pression des dirigeants de leurs sociétés cotonnières, de celle des organisations paysannes et de deux organisations non gouvernementales, la britannique Oxfam et Enda Tiers-Monde – installée à Dakar –, les gouvernements africains franchissent le Rubicon. Le Bénin et le Tchad sont les premiers à tâter le terrain de la rébellion. Ils s'associent comme « tierce partie » à la plainte déposée par les Brésiliens devant l'OMC contre les pratiques américaines. Néophytes de ces procédures, sans moyens pour financer l'intervention à l'OMC auprès de laquelle ils sont représentés par des ambassadeurs souvent en poste à Bruxelles qui ont aussi dans leur escarcelle diplomatique la France et la Grande-Bretagne, ces deux pays africains peuvent apporter de l'eau au moulin des Brésiliens, soutenir leur position, l'étayer en livrant des documents. Mais, au cas où les arbitres de l'OMC donneraient raison à Brasilia, les producteurs béninois et tchadiens n'en profiteraient pas à coup sûr. Tout au plus pourraient-ils utiliser cette jurisprudence pour défendre leur propre cause ultérieurement. Pour le géant brésilien, le soutien de ces deux petits pays africains, éclaireurs d'une zone qui met sur le marché mondial près de deux fois le volume des exportations brésiliennes, est un renfort de poids.

À l'origine concentrés dans les États de São Paulo et du Parana, dans le sud du pays, les producteurs brésiliens, souvent descendants d'immigrants allemands ou japonais, sont allés défricher les savanes du Mato Grosso. Ces terres, achetées jadis pour une bouchée de pain par les familles de ces nouveaux pionniers, servaient de terrain de chasse. Elles sont vierges. Pourquoi ne pas y faire du coton ? Au début, les concurrents étrangers sourient, dubitatifs. Des études sont menées. Les Brésiliens croient à leur bonne étoile. Surtout, le prix de la terre au Brésil augmente. Produire du café ou du soja n'est pas assez rentable. Le coton rapporte plus. Il s'impose. Les investissements sont énormes, les propriétés gigantesques : l'unité de base est le millier d'hectares ! Principal producteur de coton du pays, Eduardo Silva Logeman, patron d'une holding familiale qui donne aussi dans l'agroalimentaire et dans l'outillage agricole, est à la tête de trente-deux mille hectares de coton répartis sur quatre États du pays. Ses semblables se comptent par milliers. Résultat, en quelques années, les Brésiliens, qui importaient leur coton, commencent à l'exporter : en 2001, 100 000 tonnes de coton sortent du pays par les grands ports brésiliens. L'objectif est au million de tonnes exportées.

L'État n'intervient pas, ne subventionne pas et se montre très réticent quand ces agro-exportateurs commencent, à leur tour, à s'irriter de la politique américaine. À Brasilia, comme à Dakar ou à Bamako, le gouvernement hésite avant de croiser le fer avec Washington. Déjà, Brésiliens et Américains sont engagés dans une guerre économique féroce et sans répit pour la domination des marchés mondiaux du soja, du jus d'orange, du bétail. Ces affrontements sont la clé du succès économique. Exporter du soja, du bétail ou du coton, c'est assurer le développement économique et politique de vastes régions, conforter le rang du pays sur l'échiquier international. Les enjeux sont majeurs. Il faut choisir le terrain de bataille avec précaution. Engager le fer sur le terrain juridique à Genève, c'est mobiliser toute la diplomatie brésilienne. Les juristes devront décortiquer les textes américains à la virgule près. Les dépenses se chiffreront en millions de dollars avant d'aboutir au moindre résultat.

Alors, Brasilia tente de pousser les Africains sur le devant de la scène, de les instrumentaliser. En avant, vaillants supplétifs ! Lorsque les producteurs se réunissent en juillet 2002 à Washington au siège de la Banque mondiale, les diplomates brésiliens font flèche de tout bois. Ils encouragent leurs homologues africains à se saisir du dossier. Cependant, au Brésil, les producteurs ne se satisfont pas de demi-mesures. Ils recrutent eux-mêmes des juristes internationaux, à Washington et à Genève, pour bâtir des dossiers solides contre la politique américaine. Il en coûtera 2 millions de dollars à l'association brésilienne des producteurs de coton. Mais, en septembre 2002, Brasilia dépose une requête officielle à Genève contre le gouvernement américain.

Encouragés par l'adhésion croissante à leur cause, stimulés par l'initiative brésilienne, les dirigeants africains achèvent de déterrer la hache de guerre. Au mois de mai 2003, quatre pays, le Bénin, le Burkina Faso, le Mali et le Tchad, déposent une « soumission » (que le mot convient mal à la situation !) au secrétariat de l'OMC à Genève. Ce n'est pas une plainte qui entraînera une bataille juridique. C'est une requête dont on parlera. Les quatre pays demandent, exigent la disparition progressive des subventions versées aux producteurs de coton en Europe et aux États-

Unis. Conscients des délais de la procédure, ils réclament, en attendant mieux, des indemnités pour compenser les dommages qui leur ont été causés. Le président burkinabé, Blaise Compaoré, se rend à Genève pour donner plus de solennité au moment. Pour la première fois en effet, un groupe de pays africains se rebelle contre l'ordre commercial international ! Pas grand monde n'y prête attention ! Les Européens sont au mieux indifférents, au pire irrités par la position africaine. Les Français sont très embarrassés. Remettre en cause les subventions versées aux producteurs grecs et espagnols, c'est prendre le risque de faire voler en éclats le fragile équilibre de la politique agricole commune alors en pleine renégociation à quelques mois de l'arrivée de dix nouveaux pays. Pourtant, les Africains se mobilisent de plus belle et multiplient les réunions. De Cotonou à Abidjan, de Lomé à Dakar, peu de capitales échappent au rituel de la contestation cotonnière.

Ouagadougou, la capitale du Burkina Faso, a droit à son happening au mois de juin 2003. Plusieurs dizaines de spécialistes se retrouvent au centre de conférence « Ouaga 2000 », à la périphérie de la ville. Il y a là, bien sûr, les ministres africains du Commerce ou de l'Agriculture, les commerciaux des sociétés cotonnières, formés à l'université de Memphis et revenus au pays vendre le coton pour le compte de la compagnie nationale, les représentants des producteurs avec à leur tête François Traoré. Et encore d'autres syndicalistes agricoles. Toutes les organisations internationales concernées sont là. Du Comité consultatif international du coton à la Banque mondiale. Même l'OMC a délégué un porte-parole. Les enjeux sont d'importance. L'Afrique doit choisir sa stratégie. Deux camps s'affrontent ouvertement. Les partisans d'une action juridique devant les instances arbitrales de l'Organisation mondiale du commerce sont emmenés par l'ancien ministre des Affaires étrangères du Burkina Faso Ablassé Ouedraogo. Celui-ci a l'immense avantage d'avoir occupé le poste de directeur général adjoint de l'OMC. Les rouages de la procédure n'ont pas de secret pour lui. Auteur d'un rapport préparatoire à la réunion de Ouagadougou, il estime qu'un débat purement politique au sein de l'OMC, initié par la « soumission » remise le mois précédent, prendra des années et n'apportera rien de concret pour les pays africains. Au contraire, une plainte en bonne et due forme doit obligatoirement être examinée dans les mois qui suivent son dépôt. « Six mois » au plus, assure Ablassé Ouedraogo. L'ancien ministre des Affaires étrangères du Burkina Faso tient à son idée. Dans l'une des salles longues et étroites du complexe Ouaga 2000, une quarantaine de participants ont pris place. La réunion est précédée d'un long monologue d'Ablassé Ouedraogo. Autoritaire et manipulateur, ne supportant pas la contradiction, il doit cependant subir l'intervention du représentant du Comité consultatif international du coton, le Français Gérald Estur. Travaillant à Washington, au plus près des lobbies cotonniers américains, il assure qu'une démarche purement juridique des Africains échouera, que les Américains ont préparé une « défense de fer ». « Ils démontreront », dit-il, qu'en réalité, « ils sont importateurs nets de coton, que leur politique de soutien favorise la production mondiale ».

Un diplomate suisse, Nicolas Imboden, portera les coups les plus durs à la position d'Ablassé Ouedraogo. À la tête d'Ideas, association financée par la coopération helvétique, Imboden, depuis toujours au cœur de la bataille contre les subventions américaines, est à l'origine de la visite à Genève du président burkinabé Blaise Compaoré, quelques semaines plus tôt. Sous ses airs de garçon paisible, il cache une rare force de conviction. Ablassé Ouedraogo en fait les frais, lorsque, après une brève interruption de séance, le diplomate suisse prend la parole. Là où il fallait tendre l'oreille pour entendre les autres participants ânonner leurs interventions, la voix est forte, puissante. L'argumentation est imparable. Imboden démontre, pied à pied, que la démarche juridique est vouée à l'échec. « Face à la réglementation de l'OMC, vous n'arriverez pas à prouver, assène-t-il, que les subventions américaines et européennes sont illégales. L'Afrique, maintient Nicolas Imboden, doit porter le fer sur le plan politique. Elle doit démontrer que cette politique des pays développés ruine l'aide au développement qu'elle apporte par ailleurs à l'Afrique. » Pour Imboden, il importe de ne pas disperser les efforts et, surtout, de ne pas perdre de temps, avant la réunion de Cancún, station balnéaire mexicaine où doit se tenir une conférence décisive de l'OMC. « Nous sommes en juin, dit Imboden aux Africains qui l'écoutent. La réunion de Cancún est en septembre. Cela fait à peine trois mois pour mobiliser les opinions et les dirigeants occidentaux. Nos chances sont minimes, reconnaît Imboden, mais elles n'ont jamais été aussi grandes. Ne les gâchons pas. »

Quand il se rassied, la salle, qui hésitait auparavant sous les coups de massue de Ouedraogo, a basculé. La messe est dite. Ablassé, comme tout le monde l'appelle, a perdu la partie. C'est une évidence. Mais l'homme ne supporte pas l'échec. Il se laisse emporter par une des colères qui lui ont déjà coûté son poste de ministre des Affaires étrangères. « Nous n'avons pas besoin de vous, les Blancs », lance-t-il à Nicolas Imboden. « Il m'a traité de colonialiste ! » s'étrangle Nicolas Imboden, auquel on n'enlèvera pas sa victoire. Malgré un baroud d'honneur lors de la rédaction du communiqué final, l'idée d'une plainte africaine devant l'Organisme de règlement des différends de l'OMC est remise aux calendes grecques.

Cancún, amère victoire...

Nicolas Imboden, le diplomate suisse reconverti dans l'action non gouvernementale, a vu juste. À Cancún, les pays africains producteurs de coton font un triomphe. Soutenus par les militants des ONG présents sur place, bénéficiant d'une exceptionnelle couverture médiatique, les ministres africains réussissent à imposer leur dossier. En violant les habitudes qui régissent les négociations internationales de ce genre, ils transforment la réunion de Cancún en happening cotonnier. Le ministre burkinabé du Commerce remet une pétition signée par des milliers de paysans de son pays. Lors des conférences de presse des ministres africains, les salles sont trop exiguës pour recevoir toutes les caméras de télévision. L'Afrique cotonnière fait recette.

Du côté des pays développés, personne n'a vu venir le coup. Tout le monde est pris par surprise. On est obligé d'improviser. Les Français sont divisés. Après Cancún, les réunions de debriefing à Paris seront orageuses. Au ministère de l'Agriculture, on a déjà assez de mal à défendre les paysans français à Bruxelles. Toute menace sur les subventions est une attaque contre la politique agricole commune. Aussi enrage-t-on de voir les collègues du ministère des Affaires étrangères manifester un peu de sympathie pour ces contestataires africains. Les hauts fonctionnaires de l'Agriculture éructent contre les « boy-scouts » de l'Agence française de développement. À Paris, au mois d'octobre 2003, l'ambiance est torride. Sur le fond, cependant, l'accord est général au sein de l'administration française, comme à Bruxelles : les demandes africaines sont impossibles à satisfaire. Il faut, doucement, ramener les brebis égarées vers le bercail qu'elles n'auraient jamais dû abandonner. Français et Allemands avancent main dans la main. En déplacement à Bamako au Mali, en octobre 2003, le président Chirac prononce quelques-unes des paroles définitives dont il a l'habitude de bercer ses interlocuteurs. « Nous savons, s'exclame-t-il, que les producteurs africains de coton ne touchent pas le juste prix de leur labeur. Les mécanismes établis notamment par les pays développés producteurs de coton déstabilisent les cours, s'indigne-t-il. Les producteurs sahéliens en sont les premières victimes... J'ai convaincu mes partenaires européens d'y remédier et nous comptions sur la conférence de Cancún pour enregistrer des avancées sur ce point. Cela n'a pas été le cas, mais il ne faut pas baisser les bras. Plus que jamais une action volontariste est nécessaire », conclut le chef de l'État français.

Les Européens sont au pied du mur. À Cancún, le diable est sorti de la boîte. Ils sont obligés de faire face aux demandes africaines. Ils commencent par réformer le mode de subvention des producteurs grecs et espagnols de coton. Plusieurs mois d'intense travail, à Paris et à Bruxelles, aboutissent à la mise sur pied d'un partenariat euro-africain sur le coton. Cette initiative est présentée début juillet 2004 lors d'une réunion à Paris. Le commissaire européen Pascal Lamy, les ministres français et hollandais de la Coopération insistent sur la volonté européenne d'accorder un soutien structurel aux producteurs de coton africains. Il faut que les Africains puissent développer, moderniser leur système de production. Les Européens veulent aussi les aider à organiser une concertation régionale, pour être plus forts face au marché mondial.

Mais l'Afrique a pris du retard. Convaincus que le seul problème est celui des subventions, les gouvernements africains n'ont pas déterminé les schémas de développement qui permettraient la mise en œuvre des aides européennes. Surtout, leur principal argument ne tient plus. En 2001 encore, leurs coûts de production étaient largement inférieurs à ceux des concurrents. C'était le fondement de la contestation. « Nous produisons bon marché parce que nous sommes pauvres. Et on nous empêche de profiter de cet atout. » Oui, mais voilà, les Africains ne sont plus compétitifs ! Certes, les récoltes n'ont cessé de croître entre 1994 et 2004. Tous les dirigeants de la région en font des gorges chaudes. Ils oublient que la qualité a baissé. Engagés dans le combat politique, négligeant la gestion de leurs compagnies productrices de coton, contrôlant de moins en moins la qualité de leurs semences et donc de leur coton, laissant de nouveaux cultivateurs sans formation s'improviser producteurs, les responsables africains n'ont pas vu les progrès effectués ailleurs. Malgré le prix dérisoire de la main-d'œuvre familiale africaine, les coûts de production dans la région sont, maintenant, supérieurs à ceux du Brésil. À 50 cents la livre de coton sur le marché mondial, les Africains demandent grâce quand les Brésiliens engrangent des bénéfices. Le coton africain est, désormais, 20 % plus cher que son concurrent brésilien. Et, une nouvelle fois, la situation sur le marché des changes rend leur position encore plus difficile. Fin 2004, alors que la récolte 2004-2005 doit être commercialisée, le dollar subit une décote de 30 % par rapport à l'euro et donc au franc CFA. Les pertes totales de la filière en Afrique de l'Ouest et centrale sont estimées à 300 millions d'euros. Ni les paysans, ni les sociétés cotonnières, ni les États producteurs ne peuvent supporter un tel déficit. « On crève », constate Ibrahim Malloum, conscient de la situation insoutenable de la filière.

Épilogue

La situation des producteurs de coton africains est d'autant plus insoutenable que les espoirs nés lors du sommet de Cancún, en septembre 2003, s'envolent rapidement. Moins d'un an plus tard, en juillet 2004, l'OMC se réunit à Genève. Les ministres du Commerce sont à la recherche d'un compromis qui permette de poursuivre les négociations commerciales internationales. Les ONG ne sont pas là. Les médias sont moins nombreux. Le 31 juillet, la question est réglée. Le problème des subventions américaines et européennes aux producteurs de coton ne sera pas traité à part, comme l'exigeait l'Afrique. Ce sera un dossier parmi mille autres. On le négociera, des années durant. On troquera un peu moins de subventions sur le coton contre un peu moins de ci ou de ça. Les Africains devront vivre encore longtemps avec les subventions. Pendant ce temps, à Brasilia, on sable le champagne de la victoire. Les Brésiliens ont obtenu la condamnation des subventions américaines. Washington a fait appel et sera obligé, tôt ou tard, de leur offrir quelques compensations. Ils savent que la réélection de George W. Bush ne facilitera pas leur combat et qu'ils devront attendre quelques années pour qu'à Washington, le Congrès bouleverse la donne cotonnière américaine. Entre-temps, dans les plaines du Mato Grosso, la production aura continué à augmenter. Les producteurs brésiliens et leurs milliers d'hectares de coton, de soja, de maïs, de café peuvent patienter. Les cultivateurs africains et leurs quelques hectares ne le peuvent pas. D'échecs politiques en échecs économiques, ils sont voués à la disparition.

4.

RIZ

« Le riz, ce n'est pas pour manger, c'est pour vendre. » Voilà ce que s'entendit répondre, un beau jour de 1980, un jeune trader parisien que son patron, installé à New York, appelait quotidiennement par téléphone. Le jeune homme venait d'informer son puissant interlocuteur qu'un cargo de riz, acheté et vendu par ses soins, arrivait au large des côtes africaines à l'heure dite. Mais, dans les soutes mal réfrigérées où, quand elles sont mal surveillées par l'équipage, la température peut monter jusqu'à 70 °C, la cargaison avait pris un sérieux coup de chaud. Quelques sacs probablement en mauvais état étaient passés inaperçus à l'embarquement. Ils avaient contaminé l'ensemble du chargement. Le riz était infesté de vermine. Il y avait autant de « viande » que de céréales. Crainte, la réponse se fit attendre. Le silence sembla durer des heures ; puis, le grand manitou lâcha ces mots : « Le riz, ce n'est pas pour manger, c'est pour vendre. » À Paris, ce fut un peu le soulagement : pas de critiques, pas de remontrances. Seulement ce commentaire laconique. Que voulait-il bien dire ? Que voulait-il bien dire, sinon qu'en affaires, il y a toujours une solution. Que l'essentiel n'est pas de livrer la marchandise en bon état mais de se faire payer. À chacun, ensuite, de se débrouiller avec son paquet d'ennuis. Aux traders de fournir le riz. Aux acheteurs, aux convoyeurs, aux assureurs de s'arranger d'une marchandise en mauvais état. Le trader doit être sans pitié avec les fournisseurs et les clients. N'a-t-on pas coutume de dire que, dans le riz, les seuls à gagner leur vie sont ceux qui chargent le bateau, l'assurent et, enfin, ceux qui prêtent l'argent aux précédents : les banquiers ?

Dans son genre, bien des années plus tard, Kassim Taddjedine aurait pu formuler une remarque du même genre, en la faisant évoluer : « Le riz, aurait-il pu dire, ce n'est pas pour vendre, c'est pour blanchir. » Au mois de juin 2003, les portes de la prison d'Anvers se referment sur cet homme d'affaires d'origine libanaise. En quelques années, parti d'une petite échoppe d'épicier à Luanda, la capitale angolaise, il a fait une percée très remarquée, et jugée tout aussi mystérieuse, sur le marché du riz africain. Dès 2002, il figure au hit-parade des dix principaux fournisseurs de riz de la zone subsaharienne, avec des livraisons approchant les trois cent mille tonnes. Taddjedine a l'une de ses principales têtes de pont en République démocratique du Congo, à Kinshasa. Au mois de mai 2003, le siège de la filiale locale, Congo Futur, est perquisitionné sur ordre d'Interpol, et l'entrepôt fermé pendant quelques jours. Le même scénario se produit à Maputo, au Mozambique, où Taddjedine est également implanté. Outre le Mozambique, le Congo et l'Angola, le mystérieux commerçant libanais est très actif dans des pays désertés par les entreprises traditionnelles de négoce international du riz : la Sierra Leone ou le Liberia, il y a encore peu de temps ravagés par les guerres civiles, et où l'État de droit a bien du mal à être réinstauré. Souvent, dans ces pays où les liquidités sont denrée rare, Taddjedine importe du riz et exporte des diamants. Des cailloux contre lesquels l'Organisation des Nations unies a lancé un embargo international puisque ces pierres ont financé l'effort de guerre des factions en présence. Plus curieux encore, Taddjedine revend ses cargaisons de riz à perte, moins cher qu'il ne les a achetées. C'est un mécanisme de blanchiment assez classique. L'important est de revendre la marchandise quel qu'en soit le prix pour récupérer des fonds dont l'origine sera dorénavant officiellement « propre ».

Tout cela sent si mauvais que les principaux armateurs internationaux, spécialisés dans le transport du riz, refusent de travailler avec Taddjedine et sa holding anversoise, la Soafrimex. Bien sûr, pendant des mois, le petit monde du négoce du riz a observé l'essor des affaires de Taddjedine en silence. En silence, ces commerçants se sont inquiétés de ses agissements. Ils n'évoquent son nom qu'à mots couverts. Le sujet leur semble particulièrement sensible, explosif même. « C'est très dangereux d'en parler », explique-t-on. En Belgique, paniqué, un des anciens collaborateurs de Taddjedine interrompt la conversation téléphonique dès que le nom de son ex-patron est prononcé. Interpol ne limite d'ailleurs pas ses interventions aux entreprises africaines de Taddjedine. Le siège anversois de la holding, Soafrimex, est perquisitionné. L'épouse de Kassim Taddjedine et un comptable sont incarcérés. Dans les locaux désertés de l'entreprise, les téléphones sonnent dans le vide. Taddjedine se livrera à la police une semaine plus tard. Les charges qui pèsent contre lui sont lourdes : faux en écriture, fraude fiscale, recel, blanchiment, organisation criminelle. Ses comptes bancaires sont gelés. Pourtant, malgré ces chefs d'inculpation, il est libéré quelques mois plus tard et reprend ses activités depuis le Liban. Mais, pour tous les professionnels du négoce du riz, la longueur de l'enquête menée par Interpol, deux ans au total, n'a qu'une raison : Taddjedine ne blanchissait pas de capitaux, il ne trafiquait pas les diamants du Liberia et de la Sierra Leone pour son compte propre mais pour celui du réseau terroriste al-Qaida. L'accusation est grave. Mais ce n'est pas la seule fois que l'on retrouve le marché du riz en Afrique mêlé au nom de l'organisation de Ben Laden.

Madagascar blanchit aussi...

Une autre affaire avait éclaté deux ans plus tôt à Madagascar. Quelques semaines avant les attentats du 11 septembre 2001 à New York, une agence de presse indienne affirmait que les réseaux Ben Laden utilisaient le commerce du riz à Madagascar pour des opérations de blanchiment. Sans confirmer les informations venues d'Inde, le secrétaire d'État malgache à la Sécurité publique confiait à la *Revue de l'océan Indien*, journal local, combien il était surpris d'avoir vu les ventes de riz exploser dans le pays en peu de temps. Surprise d'autant plus grande que, de notoriété publique, beaucoup de ces ventes se faisaient à perte, certains importateurs vendant le riz sous le prix d'achat. Élément aggravant, ces opérateurs, à l'origine du boom des importations malgaches en 2001, n'avaient auparavant, pour la plupart, jamais acheté un grain de riz. Confortant la thèse selon laquelle Ben Laden n'était pas étranger à ces affaires, beaucoup d'entre eux étaient d'origine pakistanaise, ou avaient des liens étroits avec ce pays. Et l'on connaît la solidité de l'implantation des réseaux al-Qaida dans ce grand pays musulman.

La révélation de ces éléments, sur les antennes de RFI, deux semaines à peine après les attentats contre les tours du World Trade Center et contre le Pentagone, provoqua un branle-bas de combat dans la capitale malgache. La presse locale en fit sa une. Le président Didier Ratsiraka, encore au pouvoir à cette époque, repoussa de vingt-quatre heures une conférence de presse programmée de longue date. Le lendemain, il présenta sa défense : « Oui, on avait bien suspecté des liens entre le négoce du riz à Madagascar et le terrorisme international. Des interpellations avaient même eu lieu, en relation étroite avec les services américains de la CIA. Mais les personnes interrogées avaient été lavées de tout soupçon. » En d'autres termes, le président malgache démentait toute immixtion de Ben Laden et de ses affidés sur le territoire de la Grande Île. Il écartait par la même occasion, d'un revers de main, les accusations de malversations liées au commerce du riz dans son pays. Il était pourtant de notoriété publique que plusieurs sociétés ayant pignon sur rue à Antananarivo, et livrant une moyenne de cent vingt mille à cent cinquante mille tonnes de riz par an, grâce aux contacts avec l'exportateur pakistanais Hassan Ali, utilisaient des procédés assez grossiers pour capter le marché malgache et pour frauder les douanes. Prix à la tonne inférieurs de 5 à 6 dollars à ceux de la concurrence, alors que la plupart des cargaisons livrées à Madagascar provenaient des mêmes origines ; sacs pesant quarante-huit kilos au lieu des cinquante habituels, ce qui facilitait la baisse des prix de vente au détail ; fourniture d'un riz de qualité inférieure à ce qui était annoncé sur les documents officiels.

De semblables affaires ont éclaté, partout en Afrique, où le commerce du riz échappe aux structures commerciales traditionnelles, aux grandes compagnies multinationales, aux sociétés de négoce, dont les prédécesseurs, déjà au début du XVIIe siècle, géraient les flux commerciaux internationaux. Des commerçants d'origine indienne ou pakistanaise placent des parents dans les ports africains. Les ventes se font directement des exportateurs aux grossistes et parfois même aux détaillants africains. Pour surveiller le déchargement d'un cargo de riz, pour faire face à la myriade de dockers qui débarquent les sacs, pour s'assurer que toute la marchandise atterrit bien dans les entrepôts et qu'elle est payée par les acheteurs, rien de mieux qu'un fils ou qu'un neveu en qui on aura toute confiance. Cette émergence d'une économie capitaliste familiale internationale renforce aussi le caractère hermétique et opaque du commerce du riz. L'affaire Soafrimex est emblématique des dérives auxquelles s'expose ce marché. Cependant, au début des années 2000, les familles asiatiques opèrent essentiellement sur la côte est du continent africain. Du Pakistan ou de l'Inde jusqu'à Mombasa, grand port kenyan, la distance est minime. Les coûts sont moindres. En revanche, la côte ouest-africaine est encore sous la coupe des grands fauves, les compagnies internationales de négoce. Quelques-unes, de plus en plus rares, ont leur siège à Paris. Une autre à Hong Kong. Une nouvelle venue est américaine. Leur capitale est Genève, en Suisse.

Attirées par des taux d'imposition relativement faibles et par la possibilité de faire de l'argent en toute tranquillité, la plupart des sociétés de négoce qui comptent sur le marché international – pas plus d'une dizaine – ont élu domicile sur les rives du lac Léman. Elles emploient une vingtaine de salariés au maximum. Dirigeants ou simples traders, ce sont pour la majorité des quadragénaires. Ils sont français, britanniques ou pakistanais, et s'expriment indifféremment dans la langue de Molière ou dans celle de Shakespeare, avec souvent si peu d'accent que seul leur patronyme renseigne sur leur lieu de naissance. Avec déjà une vingtaine d'années dans les eaux turbulentes du commerce international, ce sont de vieux briscards rompus à toutes les ficelles, à toutes les entourloupes, à toutes les bagarres pour emporter un marché ou faire baisser un prix d'achat chez le fournisseur. Prêts à sauter dans un avion pour boucler une affaire, ils sont cependant beaucoup plus sédentaires que leurs aînés : le téléphone et Internet évitent bien des voyages. Ils gagnent confortablement leur vie. Le temps des *golden boys* roulant en Ferrari, un cigare au bec et une jolie blonde au bras, est, malgré tout, terminé depuis longtemps. Désormais, plus que jamais, « trader » rime avec « discrétion ». Ce n'est jamais sans réserve qu'ils confient leurs démêlés avec un acheteur ou relatent leur premier contrat sur le marché mondial du riz.

L'un d'entre eux remonte le temps jusqu'à la fin des années 1970. D'origine française, une petite vingtaine d'années, et aucun diplôme en poche, le hasard lui fit rencontrer un marchand sud-africain. Le voilà découvrant chacune des facettes de ce métier, du choix de la marchandise à l'expédition en passant par la fixation du prix. Peu à peu, le métier rentre. Recruté par une multinationale du commerce céréalier, il se voit enfin confier l'exécution d'un contrat. Il est jeune et mince, rapide et audacieux. À vingt-trois ans, l'âge ou certains sortent à peine des écoles de commerce, lui est déjà à la manœuvre. Le chargement de riz qu'il a acheté et revendu doit arriver sur le port de Cotonou. Pendant trois jours et trois nuits, immobile, anxieux, le nez au vent et les yeux rivés sur l'horizon, ce Rastignac du marché du riz attendra que le cargo pointe sa proue au-dessus des flots. L'enjeu est d'importance. Un cargo de 10 000 tonnes de riz vaut la bagatelle d'une vingtaine de millions de dollars. Alors, une fois le cargo à quai, le jeune homme se précipite à bord, inspecte la cargaison, vérifie son bon état, harcèle les dockers qui déchargent le cargo : aucun sac ne doit être percé. Dans la fourmilière de ce port africain, il faut éviter les vols et petits larcins. Vingt ans après, ce souvenir le fait sourire. C'est devenu de la routine. Sauf exception, l'idée ne viendrait pas à ce trader, désormais chevronné, d'aller surveiller le débarquement d'un cargo. Comme lui, tous les traders installés derrière leurs écrans d'ordinateur, sur les bords du lac Léman à Genève, ont appris l'importance du bateau sans lequel rien ne peut se faire.

Pas de riz sans bateaux

C'est pourquoi, au printemps 2002, tout ce petit monde a les yeux tournés vers l'océan Indien. Au beau milieu des flots, à mi-parcours entre la Chine quittée en novembre 2001 et les côtes africaines qui sont sa destination finale, un cargo chargé de 22 000 tonnes de riz prend feu. L'incendie a démarré dans la salle des machines et s'est propagé à l'ensemble du bâtiment. Le château arrière est totalement détruit. Les grues du bord sont paralysées. L'alerte donnée, l'équipage est évacué, et le navire dérive pendant quatre jours en plein océan Indien, survolé de temps à autre par les appareils de l'US Navy basés à Diego Garcia, non loin de là. Puis, le feu éteint, le *Lissom* est remorqué sur 2 000 milles marins, jusqu'au port le plus proche : Maputo, au Mozambique, où l'arrivée de ce chargement imprévu provoque un branle-bas de combat. Les importateurs locaux ne veulent pas entendre parler du déchargement sur place de ces 22 000 tonnes ! Encore moins de leur vente au Mozambique ! Inévitablement, cet afflux subit de marchandises ferait chuter les prix sur le marché national. Malgré les difficultés de ravitaillement que connaît le pays, le gouvernement mozambicain obtempère et interdit la vente sur le marché local. Le riz est alors transféré sur un autre navire. À dos d'hommes, à raison de 750 tonnes par jour, il faut presque un mois pour transborder les sacs. Pas tous cependant, car le cargo est, en partie, pillé par une population affamée, et qui n'est pas très regardante sur la qualité de la denrée. Car, malgré les affirmations du propriétaire du chargement, la société Rustal Trading de Genève, le riz est bel et bien endommagé. Stocké pendant de longues semaines à fond de cale, il sent le brûlé et est à peine propre à la consommation humaine.

Voilà pourtant ces milliers de tonnes de riz, ces dizaines de milliers de sacs rechargés à bord d'un autre cargo qui fait route vers l'Afrique du Sud. À Durban, nouveau transbordement. Cette fois-ci, ce qui reste de la cargaison est réparti à bord de deux navires qui iront faire du cabotage le long des côtes ouest-africaines et qui, de Cotonou à Abidjan, de Dakar à Lomé, proposeront leur marchandise aux importateurs locaux. À Genève, la concurrence de Rustal Trading tente tant bien que mal de suivre, déchargement après déchargement, mouvement d'hélice après mouvement d'hélice, les allées et venues de cette marchandise. Où qu'elle aille, elle ne pourra se vendre sans une décote. Les négociants genevois font le même calcul que les importateurs mozambicains : où qu'ils soient débarqués, ces sacs de riz bon marché feront immanquablement baisser les prix. Il importe donc, avant tout, de les traquer, de prévenir les acheteurs, de gêner au maximum la vente de ces milliers de tonnes de riz, initialement chargés dans un port chinois à bord du *Lissom*. Paradoxalement, les moins inquiets sont les dirigeants de Rustal Trading. Le risque financier est couvert par l'assurance. Et le *Lissom* n'est que l'un des quarante à cinquante cargos que la firme genevoise expédie, tous les ans, vers l'Afrique. Perdre le cargo, ce ne serait donc perdre que 2 % de la marchandise annuelle. L'impact sur le chiffre d'affaires ne peut être que limité. Cela fait partie des risques du métier.

La plupart des navires affrétés pour transporter du riz sont d'ailleurs souvent à la limite de la flottaison. Ce sont de vieux rafiots brinquebalants, de plus de vingt ans d'âge, rouillés, dont la peinture s'écaille. Les capitaines n'ont qu'un souvenir lointain de la dernière mise en cale sèche de leur bateau. Car transporter du riz, cela ne paie pas ! La rotation prend des mois et des mois. Il faut d'abord charger à Bangkok, Hanoi ou au large de Rangoon. Avec un peu de chance, les sacs de riz attendent à quai et les *coolies* sont là, en file indienne, prêts au travail. Mais il y a souvent du retard à l'embarquement et ce sont des frais supplémentaires. Puis le chargement des sacs est long. Plus longs encore, la traversée de l'océan Indien vers les côtes africaines, le contournement par le cap de Bonne-Espérance et la remontée, port après port, de la côte ouest, où se fait un bon quart du commerce mondial du riz. Bien pis, la destination finale exacte n'est souvent connue qu'au cours de la navigation, en fonction des ordres d'achats reçus par les intermédiaires qui ont affrété le cargo. Enfin, le déchargement est parfois soumis à quelques impondérables. En avril 2003, les douanes nigérianes, à Lagos, bloquent les arrivages de riz un mois durant. Un mois pendant lequel une vingtaine de cargos, leurs équipages et leurs chargements devront patienter au large. Un mois pendant lequel les importateurs devront payer l'affrètement des cargos. Une addition supplémentaire de 240 000 dollars par navire. Les douanes nigérianes ont détecté une vaste fraude. Les importateurs minoraient systématiquement le prix de leur riz dans les déclarations d'importation pour réduire les prélèvements douaniers. Finalement, après quatre semaines de palabres, les importateurs seront contraints d'accepter des redressements importants, l'un d'entre eux jusqu'à 10 millions de dollars, pour pouvoir débarquer leur demi-million de tonnes de riz.

Chabert invente le « riz flottant »

Cette incertitude quant aux délais de déchargement des cargaisons de riz dans les ports africains, le cabotage auquel sont obligés de se livrer les capitaines de ces navires s'expliquent par la nature très particulière du commerce international du riz, surtout vers l'Afrique. La plupart des chargements ne sont en effet pas vendus au moment de leur embarquement. Quand les *coolies* vietnamiens chargent les sacs, le négociant genevois n'est pas sûr de la vente. C'est ce qu'on appelle du « riz flottant ». Une trouvaille qui remonte aux années 1970, et dont la paternité revient à l'un de ceux que les professionnels du riz considèrent unanimement comme une légende vivante : Boris Chabert. Avec un tel nom d'usage, hérité d'un personnage de Balzac, il faut avoir de l'entregent et du bagout, de l'autorité et du culot. Sinon, on frise le ridicule. Ce n'est pas le cas de Chabert. L'homme a de l'influence, de la culture et de l'intelligence à revendre. Il déguise tout cela sous une mauvaise humeur permanente. Sa rudesse dans les affaires, la grossièreté calculée et la violence de son langage ont fait rougir tous ceux, nombreux, qui l'ont côtoyé pendant plusieurs décennies.

Né peu avant la Seconde Guerre mondiale, Chabert s'est officiellement retiré du grand jeu du commerce mondial en l'an 2000. Pourtant, en juillet 2004, de son petit bureau des beaux quartiers parisiens, il continue malgré tout à travailler. Au téléphone, il s'inquiète de la difficulté à obtenir le paiement d'un chargement de 1 000 tonnes de riz arrivé à Alger depuis quelques jours. Une erreur d'écriture s'est glissée dans un document. Les banques refusent de régler la lettre de crédit. Et 1 000 tonnes de riz, ce n'est pas rien : environ 220 000 dollars. Peu de chose pourtant en comparaison du million de tonnes que le Chabert de la grande époque avait l'habitude d'acheter et de vendre. Qu'il est difficile de décrocher quand on a voué sa vie à sauter d'un avion à l'autre, d'un continent à l'autre, d'un palais officiel à l'autre, signant contrat sur contrat, brassant des millions de dollars ! Naguère assis sur un pactole, il est aujourd'hui à la recherche d'un paradis perdu. C'est ce qui fait son charme. Sous la rudesse du personnage, sous le cynisme, sous la nostalgie de l'homme d'âge avancé pour le beau gosse qu'il fut, percent une faiblesse et une fragilité qui lui évitent les jugements trop sévères de ses pairs. « C'est un fou génial », dit l'un d'entre eux. Un fou génial qui a imaginé le commerce international du riz tel qu'il est aujourd'hui. « Le riz flottant, c'est moi qui l'ai inventé », revendique d'ailleurs l'intéressé.

Rien ne l'y prédestinait. Né dans un milieu modeste, docteur en droit, condisciple de Michel Rocard et de Jacques

Chirac à Sciences-Po, la voie semble toute tracée : l'École nationale d'administration. Il a beau réussir le concours, il s'arrête là et fait un grand bras d'honneur à l'école dont est issue une bonne partie de l'élite française. Pas question de devenir fonctionnaire ! Pas question non plus de « faire l'économiste ». Encore moins l'avocat ! Embauché chez IBM, il ne tarde pas à s'ennuyer. Surtout, la rémunération ne le satisfait guère. Un ami le fait entrer chez Continental Grain, l'une des multinationales du négoce des céréales fondée à la fin du XIXe siècle. Voilà Chabert au Canada, à Winnipeg, où il est responsable d'une station d'achat de blé. Les années passent, les entreprises aussi. Les céréales occupent le plus clair de son temps. Partout, le riz est considéré comme une denrée mineure. « On prenait les jeunes cons ou les vieux un peu amortis, on les mettait dans un coin et on leur disait : "Occupe-toi du riz." » Personne ne s'y intéresse vraiment.

C'est que le commerce international du riz est une nouveauté. Entre les deux guerres mondiales, 5 millions de tonnes seulement sont échangés, pour l'essentiel entre pays asiatiques. 20 % partent vers l'Europe. Ce négoce est aux mains de quelques grandes compagnies coloniales qui s'effondrent pendant la Seconde Guerre mondiale. Les États-Unis voient s'évanouir leurs clients étrangers. Pour soutenir la production, le gouvernement fédéral subventionne les rizières. Entre 1940 et 1945, la récolte de riz aux États-Unis double. En 1946, les affaires reprennent timidement. 2 millions de tonnes de riz seulement font l'objet de contrats internationaux. Et la machine met un temps fou à repartir. Il faut attendre les années 1970 pour retrouver le niveau d'avant-guerre : 5 millions de tonnes. Pendant cette longue période de léthargie du marché international du riz, deux pays, la Thaïlande et la Birmanie, fournissent l'essentiel des besoins. La Corée et les pays de la péninsule indochinoise sont éliminés en raison des conflits qui les divisent.

Les années 1970 marquent un tournant avec l'irruption du continent africain sur le marché du riz. Le riz a été implanté en Afrique de l'Ouest par les colonisateurs français. On l'y cultive. On l'y importe. Entre l'Indochine et l'Afrique occidentale française, c'est un petit marché intérieur qui fonctionne d'abord de colonie à colonie. Les tirailleurs sénégalais et autres soldats donnés par l'Afrique à la patrie française ramènent des guerres d'Indochine le goût de cet aliment. Les consommateurs africains préfèrent le riz thaïlandais ou chinois à celui produit localement. L'urbanisation croissante du continent accélère la demande. En ville, il est plus facile de cuire du riz que du millet ou du sorgho. Les cultures locales suffisent, un temps, à répondre à la demande. Bien vite, cependant, elles sont dépassées. Comme en Côte-d'Ivoire, l'agriculture est orientée vers l'exportation, non vers la satisfaction des besoins alimentaires. De plus, bien souvent, les problèmes d'infrastructures privent les productions locales de toute compétitivité. Une tonne de riz débarquée par cargo transocéanique dans le port de Dakar est moins chère que celle acheminée de l'autre bout du pays à bord de camions aux moteurs crachotants sur des pistes parfois infranchissables. L'explosion des importations africaines de riz s'explique par des facteurs structurels mais aussi par le choix de la facilité. Il est plus facile de prélever l'impôt sur quelques compagnies internationales ayant pignon sur rue, quand leur marchandise sort du bateau et est aisément saisissable, que de collecter quelques centaines de francs CFA auprès de petits producteurs. Importer du riz en quantité, c'est donc aussi remplir les caisses de l'État.

Dans ce contexte, Chabert sent qu'une place est à prendre, qu'en mettant le riz au cœur de l'activité, il y a de l'argent à gagner. À la fin des années 1960, Goldschmidt, la compagnie parisienne dont il est un des ténors, exporte aussi du cacao et du café africains pour les vendre aux Européens.

Chabert est multicarte. À ce titre, il connaît tous les dirigeants africains. Il est le seul. Il dispose aussi d'un quasi-monopole sur le marché africain du riz. La vingtaine de cargos qui transportent alors du riz autour du monde sont les siens. Chabert est le premier à comprendre que fournir du riz aux organisations internationales d'aide humanitaire peut être très rémunérateur. « Je me suis vite rendu compte, dit-il, qu'il y avait plus d'argent à gagner dans le riz que dans le café ou dans le cacao. Vendre 500 tonnes de café prenait une heure. Dans le même laps de temps, on vendait 12 000 tonnes de riz. » Et puis un autre aspect séduit Boris Chabert. « Les Européens étaient des acheteurs très difficiles. Ils pinaillaient sur la qualité, ils regardaient tout. En gros, ils faisaient leur boulot d'importateur. » Chez les Africains, rien de pareil ! Le laxisme est généralisé. Les acheteurs ne sont pas des entrepreneurs mais des fonctionnaires placés à la tête des entreprises publiques. À peine savent-ils faire un bilan ! Encore moins la différence entre un riz haut de gamme et un riz bas de gamme.

Chabert fait donc le grand saut. Le 1er janvier 1970, il installe sa nouvelle société, « Action S.A. » au 82 de l'avenue Marceau dans le 16e arrondissement de Paris. Il n'a pas un sou devant lui. Mais une renommée internationale dans son secteur et une cote de confiance inégalée. Ne se flatte-t-il pas d'avoir été pendant douze ans le conseiller du gouvernement chinois pour le riz ? La Chine n'a pas encore atteint le milliard d'habitants. Les rizières y occupent les paysans depuis des millénaires. Et il faut aller chercher un Français pour se faire expliquer le marché mondial du riz ! C'est que le monde communiste a besoin d'antennes extérieures. Chabert adresse tous les mois un rapport sur les échanges internationaux à Pékin. Une fois par an, le ministre chinois du Commerce le reçoit. Les entretiens se déroulent en russe, langue que Chabert maîtrise à la perfection. On lui déroule le tapis rouge. « J'y allais pour un échange de points de vue. La première fois, j'ai parlé pendant quatre heures. Le ministre m'a dit merci et est parti. J'ai demandé quand aurait lieu l'échange de points de vue. On m'a répondu qu'il venait de se dérouler ! »

Chabert est estomaqué. Les informations qu'il livre ne sont pas payées en espèces sonnantes et trébuchantes. Pas ingrat – il est leur plus gros acheteur de riz – les Chinois lui consentent, quand même, des ristournes intéressantes. La tonne de riz lui est vendue moins cher qu'à la concurrence. Cela permet de trouver des marchés plus facilement et d'engranger des marges plus confortables. Surtout, cela facilite la prise de risques. Car Chabert achète « à découvert », c'est-à-dire sans client assuré. Il y est obligé par la nécessité absolue d'anticiper : « Je pense que le Brésil va avoir besoin de 100 000 tonnes. Je les achète aux Chinois ou aux Pakistanais parce que je suis haussier, parce que je pense que le chargement vaudra plus cher dès que les Brésiliens se mettront en quête de ces volumes-là. » Souvent les prévisions se révèlent fondées. Souvent aussi, les Brésiliens ou les Ivoiriens ne répondent pas à ses attentes. Cependant, Chabert est homme d'affaires. Il lui faut des clients mais également des fournisseurs fidèles. Les clients font défaut ? Ils ne sont pas là où il les attendait ? Qu'à cela ne tienne. L'embarquement des 100 000 tonnes de riz doit, malgré tout, se faire. Le cargo prend donc la mer pendant que Chabert et son équipe se mettent à la recherche d'acheteurs. Ce « riz flottant » fera la fortune de Chabert. C'est ainsi que le « fou génial » deviendra pour de longues années le principal marchand de riz au monde, essentiellement en vendant du riz asiatique aux Africains.

En Afrique, plus les années passent, plus le riz est considéré par les gouvernements locaux comme une denrée stratégique, indispensable à l'alimentation de la population et à la stabilité politique régionale. Qu'elle vienne à manquer et d'Abidjan à Dakar planera une menace de disette, avec des troubles sociaux à la clé. Les organismes publics d'achat doivent fournir les quantités nécessaires pour remplir l'estomac des citadins africains et assurer le maintien de l'ordre public. Les dirigeants de ces organismes ne sont pas très regardants sur la qualité. Ils livrent aux consommateurs africains ce qui, ailleurs, est considéré comme impropre à la consommation humaine. « On leur donnait ce qu'on n'aurait pas donné au bétail », dit un trader en activité dans les années 1970-1980.

Les gestionnaires de l'argent public africain confondent aussi leur intérêt et celui du pays. Les volumes achetés sont souvent fonction des enveloppes généreusement octroyées par les négociants internationaux. Qu'un besoin personnel surgisse et un contrat d'importation de riz peut fort bien être signé ! Les fournisseurs ne sont pas difficiles à trouver. Chabert et quelques autres se partagent l'Afrique. Un accord a ainsi été passé avec Maurice Varsano, patron et fondateur de Sucden [1]. À Chabert le riz, à Varsano le sucre ivoirien. Aucun des deux n'empiète sur le territoire de l'autre, faute de quoi une guerre fratricide menacerait les intérêts communs.

Le riz, c'est Dallas !

Bien vite, pourtant, Chabert connaît de gros problèmes. Ses adjoints le trahissent. Après trois ans passés à ses côtés, quelques-uns de ses collaborateurs s'en vont créer « Riz et Denrées », qui occupera une place croissante sur le marché africain. La nouvelle compagnie est dirigée par Clément Palacci qui n'hésite jamais à se présenter, quel que soit son interlocuteur, comme « le plus grand trader au monde ». Chabert et l'équipe Palacci entretiennent des rapports gla-

1. Voir le chapitre 1 sur le cacao, et plus particulièrement les p. 24-25.

ciaux. Pour Chabert, Palacci et son équipe sont « des petits cons ». Il ne les qualifie jamais autrement. Entre les deux sociétés, le combat est sans pitié. Les hommes de Riz et Denrées n'hésitent pas à aller voir les acheteurs pour « débiner » la marchandise de Chabert. Clément Palacci trouve un renfort de poids en la personne de Raphaël Totah, l'homme de Continental Grain en Asie.

Continental est l'une des plus puissantes multinationales céréalières du moment. Présente sur tous les marchés depuis un siècle, la société a ses bureaux à New York, Buenos Aires, Paris, et ses entrées partout. D'origine belge, la famille Fribourg, fondatrice de la société, possède des résidences particulières dans les beaux quartiers des grandes capitales – à Paris, rue Octave-Feuillet dans le 16ᵉ arrondissement. La puissance de Continental est quasi sans limites. En 1963, quand le président Kennedy étudie de possibles ventes de céréales américaines à l'Union soviétique, les dirigeants de « Conti », comme on appelle l'entreprise dans le métier, sont associés à la réflexion. En 1974, le gouvernement chinois consent à vendre du riz à Conti, officiellement pour l'exporter vers Hong Kong. À Pékin, on sait pertinemment que ces chargements seront embarqués sur des cargos qui feront route vers Djakarta. L'Indonésie a alors un besoin criant de riz. Bien que les relations entre les deux capitales n'aient guère connu de progrès, depuis 1965 et l'assassinat par les autorités indonésiennes de centaines de militants communistes, souvent d'origine chinoise, Pékin décide de fermer les yeux sur la destination finale de ce riz. Continental devient, en faisant des affaires, l'instrument d'un rapprochement politique entre deux grands pays asiatiques. La multinationale en profitera pour fournir d'autres produits agricoles à la Chine communiste, avec laquelle, contrairement à ce qu'il croit, Chabert n'est pas le seul à entretenir des contacts étroits. Pour Clément

Palacci, avoir la carte Continental dans son jeu est un atout maître.

En unissant leurs forces, en jouant sur les marchés asiatique et africain, Palacci et Totah peuvent déplacer de très gros volumes. C'est un avantage commercial indéniable. Ils peuvent moduler les prix, réduire les coûts, en un mot, dicter leur loi au marché. Et surtout à Boris Chabert. Ils lui coupent ainsi l'herbe sous le pied. Disposant d'un quasi-monopole sur la côte ouest-africaine, Chabert croyait pouvoir, éternellement, se permettre d'acheter cher et de revendre encore plus cher. Il fixe un prix plancher, élevé, que les fournisseurs renâclent, par la suite, à réduire pour d'autres clients, moins fidèles, moins importants. Il élimine ainsi la concurrence. Ce calcul est réduit à néant par la forte implantation asiatique de Continental. La multinationale et ceux que Chabert appelle « les petits cons », ses anciens collaborateurs passés à l'ennemi, auront gain de cause. Chabert a la bosse du commerce, l'intelligence des situations, le génie des coups. Il a ouvert la voie, tracé un chemin. Il a compris et enseigné aux autres que le commerce mondial du riz est une activité à part entière, qu'on peut y gagner de l'argent, beaucoup d'argent, si on est prêt à corrompre les élites. Cela ne suffit plus. Il faut désormais parler de puissance à puissance, de puissance commerciale à puissance politique. Et, s'il faut opérer sur le marché africain, il faut aussi commercer en Asie. Il est impossible d'ignorer les plus gros importateurs de riz de la planète, les Philippins ou les Indonésiens, quand on prétend avoir une envergure internationale. C'est une erreur que Chabert paiera cher.

Il la paiera d'autant plus cher que le commerce du riz, en Asie, est en pleine expansion. Avec une récolte à peine suffisante, dans les années 1960, pour satisfaire les besoins des grands pays de la région, seules les importations de blé permettaient d'atteindre un équilibre alimentaire précaire.

Peu à peu, les politiques très volontaristes des pouvoirs en place débouchent sur des excédents. En Chine ou en Inde, ces énormes tonnages sont stockés d'une année sur l'autre pour parer au moindre problème, pour faire face à une mauvaise récolte, à une catastrophe climatique. Quand, faute de place, il faut vider les silos, on se résout à exporter. En Thaïlande ou au Vietnam, au contraire, c'est une industrie exportatrice qui se met en place. Les politiques de soutien visent à répondre à la demande locale et aussi à dégager des surplus destinés aux marchés extérieurs.

Le marché des « faux nez »

Officiellement, les accords commerciaux se font d'État à État, les négociants internationaux n'étant que de simples intermédiaires. En réalité, ils sont beaucoup plus. À Bangkok, à Karachi, à Djakarta, la configuration est la même : des organismes publics, dirigés par des fonctionnaires véreux, se chargent des achats et des ventes, des importations et des exportations. « Tout le monde touchait, confie un vieux routier, les hauts fonctionnaires comme les politiques. » Plus tard, d'autres systèmes de corruption se mettent en place. Au Pakistan, par exemple, il est interdit de vendre à des entreprises de négoce international. On ne traite que d'État à État, que de puissance publique à puissance publique. Ce n'est pas ce qui arrêtera les acheteurs internationaux. Plutôt que de renoncer à des affaires juteuses, ils font appel à des ministres africains, mauritaniens, libériens ou malgaches. Chaque compagnie internationale a son « représentant » africain. On lui demande, moyennant rémunération, de jouer à l'acheteur, de feindre un besoin de riz chez lui. Une fois le contrat signé, la marchandise est payée et chargée par les grandes sociétés de négoce qui en font leur affaire. C'est ce qu'on appelle la stratégie des « faux nez ». Les Pakistanais ne sont qu'à demi dupes. Au sommet des organismes publics, « on avait des complicités intellectuelles », dit pudiquement un ancien acheteur, sans chiffrer le montant de la « complicité intellectuelle ». Des agents locaux se chargent d'orchestrer la manœuvre, de surveiller discrètement les embarquements. Mais les traders, dans le cynisme de leur activité quotidienne, cherchent toujours des circonstances atténuantes. « Signer ces contrats avec les faux nez, poursuit ce brillant stratège, cela permettait aux Pakistanais de savoir au début de leur récolte qu'elle était vendue. Ils y gagnaient en sécurité. »

Partout, de l'Afrique à l'Asie, le commerce du riz enrichit négociants et fonctionnaires. Les paysans, eux, ne profitent guère de la croissance des échanges. Au-delà de l'image, bucolique et exotique, qui circule souvent dans les pays occidentaux, travailler dans les rizières est l'une des activités les plus pénibles qui soient. Sous le chapeau de paille au large rebord, sous l'échine courbée, malgré l'habitude millénaire, c'est la souffrance. Hommes ou femmes, les jambes plongées jusqu'aux genoux dans l'eau et la boue souvent mêlées d'urée, pendant des journées entières, sarclent la terre avant d'y planter les germes de riz venus des petites plantations voisines. Avoir les jambes dans l'eau, c'est aussi bien sûr s'exposer aux morsures de serpents. Voilà pourquoi les jeunes femmes thaïlandaises préfèrent fuir les campagnes pour les usines textiles. Mieux vaut être enchaînée à une machine que dévorée par la terre, supposée nourricière. Plus loin, fait remarquer un exportateur habitué de ces contrées, « les *coolies* qui chargent les sacs de cinquante kilos des quais vers la soute n'en pèsent que quarante-cinq ». Ils sont maigres comme des clous. Pour résister aux alleés et venues incessantes entre les quais et la soute, nombre d'entre eux se dopent à la caféine – « ce que prennent les prostituées quand elles doivent travailler jusqu'à minuit ».

De l'avis général, la Birmanie est le pays où la situation

des paysans est la pire. Payés au lance-pierres, un dollar par jour au plus, contraints de livrer une partie de leur récolte à l'État, ils vivent une situation de quasi-esclavage. Pourtant, la Birmanie n'est plus le grand exportateur de riz qu'elle était jusqu'au milieu du XXe siècle. Rangoon était alors le premier fournisseur du marché mondial. L'isolement du régime militaire, sa répudiation par la communauté internationale ont contribué à sa disparition du marché mondial du riz. Privé de ressources, le gouvernement birman n'a pas pu financer l'aménagement d'un port en eau profonde à proximité de Rangoon. Impossible pour un cargo de plus de 12 000 tonnes d'approcher des quais. Pour de gros volumes, une noria de petites embarcations fait la navette entre les docks et le navire, mouillé au large. Les embarquements sont lents et chers.

Pourtant, au cours des années 1990, des négociants entreprennent de commercer, à nouveau, avec la dictature birmane. Les pionniers sont les gens de Sucden, entreprise dirigée par Serge Varsano, le responsable de l'échec de la société en Côte-d'Ivoire [1]. À leurs yeux, Rangoon est un formidable gisement de bénéfices. À l'époque, la capitale birmane semble abandonnée des Occidentaux. Les grandes sociétés asiatiques sont absentes. La ville est morte. Les traders de Sucden descendent dans des hôtels dont ils gardent un souvenir « dégueulasse ». Bâtiments vieillots, pas d'eau, impossible de téléphoner ou de faxer. Par contre, la « sécurité » est maximale. Les visiteurs sont surveillés vingt-quatre heures sur vingt-quatre par la police locale, qui interdit tout contact avec les Birmans. Mais le gouvernement tient à la présence de ces acheteurs potentiels. Il organise quelques festivités, des visites de temples, un dîner officiel. C'est que les dirigeants birmans veulent vendre du riz. Ils ont de gros besoins sanitaires. Un mécanisme de troc est donc mis sur

1. Voir p. 24-25 et p. 144.

pied. Paul Dijoud, ancien secrétaire d'État au Développement pour les départements et territoires d'outre-mer, directeur de Sucden entre 1982 et 1987, et Bernard Goury, un proche d'Édith Cresson entré chez Sucden, sont à la manœuvre. Ils échangent 30 000 tonnes de riz contre la fourniture d'un système d'épuration de l'eau et contre des médicaments.

Dans les campagnes birmanes, les installations de traitement du riz, de grands moulins aux mécanismes relativement sommaires, sont à l'image du pays : désuètes. Une fois récoltés, les grains de riz sont décortiqués. Reste encore une pellicule de son. C'est le « riz cargo », qu'il faut gratter pour obtenir du riz blanc. Les chargements proposés à l'exportation sont de mauvaise qualité. Les négociateurs birmans ne peuvent en obtenir de bons prix. De plus, isolés du monde, mal informés, ils ne sont jamais au courant des cours internationaux du riz. La négociation n'est donc pas très difficile. Pour les acheteurs européens, les affaires birmanes sont, à tous les coups, très juteuses. Bien des années plus tard, ayant quitté Sucden mais continuant à acheter du riz aux Birmans pour le revendre aux Africains, l'un des animateurs de ce marché décrit ses interlocuteurs comme des « ânes bâtés, toujours en retard sur les prix mondiaux mais jamais d'une petite gratification ». Ces derniers temps, les militaires birmans prélevaient environ un dollar par tonne de riz exportée. On peut ainsi évaluer la cagnotte des dirigeants birmans contrôlant les exportations de riz aux alentours du million de dollars pour les bonnes années. Une misère qui ferait sûrement s'écrouler de rire le moindre dirigeant africain habitué aux enveloppes des compagnies pétrolières.

Le choc des enveloppes

La distribution de prébendes est incontournable, dans ces années où les offices publics contrôlent, en principe du moins, achats et ventes. Dans l'univers du commerce international, c'est d'une rare banalité. Attirée par des contrats de plusieurs centaines de milliers de tonnes et par le développement progressif de la consommation du riz en Afrique, une autre multinationale pointe le bout du nez : Glencore. La multinationale a fait parler d'elle en 2003 avec la désastreuse gestion sociale de sa filiale Metaleurop dans le nord de la France, avec les centaines de chômeurs mis sur le carreau et avec le cynisme dont ses dirigeants ont fait preuve. Elle a été créée par un génie de la finance et du commerce des matières premières, l'Américain Mark Rich, qui, au lendemain du premier choc pétrolier de 1973, lorsque les pays producteurs du golfe Persique décidèrent de prendre le contrôle de leurs puits et de gérer eux-mêmes leurs exportations, fit fortune en inventant le marché mondial du pétrole tel qu'on le connaît aujourd'hui. La compagnie et ses centaines de traders n'ont cessé de prospérer sur le marché du pétrole comme sur celui des métaux ou des céréales, malgré le départ du fondateur. Partout, de Madrid à Londres, de Zoug en Suisse à Amsterdam, la confidentialité est la règle. Glencore n'est pas une société où l'on fait carrière. On y est coopté. On y fait de l'argent, fortune si possible. On en repart pour d'autres aventures. Parfois, lorsqu'un secteur n'est pas jugé assez rentable, il ferme. Celui du riz s'arrêtera en 2002, après une vingtaine d'années d'activité.

Glencore met le pied sur ce marché dans les années 1980. La société est attirée par la facilité avec laquelle on peut négocier de gros volumes avec les États africains. À la tête de Glencore riz, un Français d'origine égyptienne, Charley Pinto. Sous ses faux airs de Groucho Marx, c'est un transfuge de Continental, où il apprit le métier en faisant le commerce des céréales aux côtés de Raphaël Totah. Si Chabert est grossier, lui est réputé pour sa violence. Ses colères sont terrifiantes. Dans les bureaux de Glencore, près des

Champs-Élysées, à Paris, les meubles volent parfois. Plus encore que la concurrence, Glencore prodigue des enveloppes de tous côtés. « Les marchés asiatiques ne sont pas plus difficiles que les marchés africains, il suffit de distribuer des enveloppes », dit un ancien commercial. Grâce à ces fidélités chèrement acquises, Glencore est systématiquement au courant des marchés avant les concurrents. L'entretien de ces contacts asiatiques est de la responsabilité d'une jeune femme d'origine vietnamienne qui, après douze ans à travailler dans les coulisses, au service administratif de Glencore, accéda à la fonction plus lucrative de trader, à Paris puis pendant deux ans à Hong Kong. Éduquée en France depuis sa fuite du Vietnam dans les *boat people*, Bich Hoan Trahn manie avec aisance le mandarin et le vietnamien. C'est une bagarreuse. Partout, elle dispose de ses honorables correspondants. Un million de tonnes à vendre ici ou à acheter là, et elle s'envole pour Djakarta ou Pékin.

Les relations avec les dirigeants de l'agence publique indonésienne, Bulog, sont étroites. Quant aux dirigeants chinois, ils sont remerciés par ce que les gens de Glencore considèrent comme des « cadeaux insignifiants ». Pour communistes et révolutionnaires qu'ils soient, ces fonctionnaires acceptent sans difficulté de passer une semaine à Paris, aux frais de Glencore. Ils logent dans les grands hôtels, sont escortés sur les bateaux-mouches, accompagnés dans les bons restaurants. Ils sont bichonnés. Tout cela pour obtenir, le jour venu, avant les autres, le renseignement qui permettra d'acheter, et donc de vendre. Faire des affaires avec les Chinois exige en effet de rester aux aguets. La Chine produit du riz pour sa consommation interne, pas pour exporter. Elle n'exporte que les excédents quand il s'agit de vider les silos pour engranger la prochaine récolte. Les ventes sont donc irrégulières et peuvent survenir à tout moment, prenant le marché à contre-pied. Avoir l'information avant la concurrence est d'une importance vitale. D'où la nécessité d'un bon réseau d'information.

« Le métier de trader, dit l'un d'entre eux, c'est un métier de flic, d'enquêteur. Il faut savoir écouter ce que dit l'interlocuteur, détecter l'information, la tendance, savoir l'analyser et prendre les décisions très rapidement. » Réussir à acheter le riz chinois, c'est aussi s'assurer des marges confortables et des bonus très importants pour les salariés et les associés. Mais les enveloppes fonctionnent dans tous les sens. Il y en a pour les clients, pour les fournisseurs, comme pour le personnel. À Paris, où s'active la poignée de traders de Glencore spécialistes du marché du riz, les bonus des employés sont payés en liquide grâce à des mallettes qui arrivent régulièrement de Genève. De leur côté, les traders possèdent un compte en banque en Suisse. Charley Pinto se retirera des affaires fortune faite. Il abandonnera l'équipe qu'il avait recrutée et Glencore mettra rapidement tout le monde sur le carreau : les affaires ne sont plus assez rentables.

La désertion des multinationales

L'Afrique a beau acheter de plus en plus de riz, les marges ne sont plus suffisantes. La concurrence est trop nombreuse, trop vive. Et, surtout, les carnets d'adresses politiques, les enveloppes glissées au bon interlocuteur pour décrocher le contrat tant recherché ne suffisent plus. Avant même la libéralisation des secteurs agricoles exportateurs, café, cacao, coton, le riz échappe aux États. Dès la fin des années 1980, les caisses de péréquation ou de stabilisation n'ont plus leur mot à dire. Il n'appartient plus aux États, aux gouvernements, aux fonctionnaires, de jouer les intermédiaires. Place aux seuls négociants, aux commerçants. C'est une manne considérable qui passe sous le nez des amateurs de prébendes diverses. Si la Côte-d'Ivoire achète jusqu'à 500 000 tonnes par an, le Sénégal en est à 700 000 tonnes, le Nigeria au million de tonnes et la Guinée-Conakry à 300 000 tonnes. Dans tous ces pays, les achats sont maintenant le fait d'une myriade de petits importateurs. Ils achètent quelques milliers de tonnes par-ci, quelques milliers de tonnes par-là. Pour les grandes multinationales, pour les familiers des contrats exprimés en centaines de milliers de tonnes, l'intérêt est quasi nul. Ces maisons ont l'habitude des contrats sur le blé ou sur le pétrole. Du Moyen-Orient aux États-Unis, d'Europe en Asie, ce sont des centaines de millions de dollars qui circulent sous forme de matières premières. Les affaires se font au téléphone, par Internet. On se déplace peu. On ne connaît pas souvent le terrain. Imagine-t-on l'un de ces gaillards arpenter le marché de MBour, le grand port de pêche du sud du Sénégal, pour rencontrer les commerçants qui empilent toutes les semaines, dans leur arrière-boutique, quelques dizaines de sacs de 50 kilos, venus de Thaïlande ou du Vietnam ? Imagine-t-on ces habitués des contrats géants partir à la découverte du terrain ? Certainement pas. Ces négociants-là ne traitent avec leurs clients et fournisseurs que de loin.

La finance est prioritaire. Acheter un chargement de blé, pour une livraison trois mois plus tard, n'est pas envisageable sans une couverture, une protection, sur le marché à terme. Le contrat stipule que le prix de la marchandise sera fixé à la livraison, sur la base de la valeur de la tonne de blé à la Bourse des matières premières de Chicago. Rien de comparable pour le riz ! C'est un marché de gré à gré. Il n'y a pas de marché à terme, pas de Bourse, pas de gendarmes ! D'ailleurs, les traders qui opèrent sur le marché du riz n'en veulent pas. On les comprend ! Ils préfèrent continuer leurs opérations loin d'une autorité financière quelconque. Cela a un double avantage. Ils peuvent continuer à fricoter dans l'opacité la plus totale. Ils évincent du même coup certaines des multinationales, américaines en particulier, accoutumées à travailler sur les marchés à terme des matières premières et qui ne conçoivent pas leur fonctionnement sans appel aux marchés financiers. *Exit* donc, ces mastodontes ! Le *mano a mano* entre grandes entreprises et gouvernements a cédé la place à une partie à trois, entre exportateurs asiatiques, traders genevois et clients africains.

Les États bougent encore !

Les gouvernements asiatiques, pour lesquels le riz reste une denrée stratégique – il s'agit de nourrir quelques milliards d'habitants –, ne se font pas à ce libéralisme à tous crins. Aussi, courant 2000, les dirigeants des principaux pays producteurs tentent-ils de mettre sur pied une alliance pour contrer la baisse continuelle des cours sur les marchés mondiaux. Thaïlandais et Vietnamiens, les deux principaux exportateurs de riz du marché, mais aussi Pakistanais et Chinois veulent échanger des informations, constituer des stocks afin de maîtriser les volumes disponibles sur le marché mondial et contrôler l'évolution des prix. Mine de rien, il s'agit d'instaurer une politique des quotas, dont seuls les producteurs auraient le contrôle. L'affaire fera long feu ! Chacun continuera à vendre ce qu'il a de disponible, à tenter d'arracher le meilleur cours possible, fût-ce au détriment des concurrents régionaux.

À l'autre bout de la chaîne, en Afrique, malheur aux hommes politiques qui voudraient intervenir. Au printemps 2004, le président guinéen Lansana Conté s'emporte contre les négociants internationaux et les importateurs locaux : les prix du riz ont énormément augmenté au cours des dernières semaines. Certains signes de lassitude émergent au sein de la population. Elle a du mal à suivre la hausse. Lansana Conté est persuadé que les marchands ont spéculé, qu'ils s'engraissent sur le dos des consommateurs. Il feint d'ignorer le contexte international. Sous la pression de la demande chinoise en matières premières de tous genres, les tarifs du fret maritime ont explosé. Quand on a la chance de mettre la main sur un navire disponible, le fret est si onéreux que le transport du moindre grain de riz vaut désormais une fortune. Par ailleurs, la récolte de riz chinoise a été faible. Elle ne suffit pas à répondre à la demande interne. Les Chinois n'exportent pas. Ils importent ! Les prix sur leur marché intérieur sont si intéressants, les besoins sont si grands qu'au Vietnam, par milliers, des barges chargées de riz sont transférées en contrebande vers la Chine, réduisant d'autant les disponibilités pour les destinations plus lointaines. Quand on en trouve, le riz est plus cher.

Lansana Conté n'en a cure. Au printemps 2004, il ordonne l'achat de deux cargos de riz sur les deniers de l'État guinéen. Bien sûr, l'affaire est menée à vitesse administrative, c'est-à-dire lentement. Sur le port de Conakry, que tous les affréteurs recommandent d'éviter tant les prestations y sont de mauvaise qualité, le déchargement des sacs prend du retard. Les navires sont immobilisés à quai plus longtemps que prévu. Le coût additionnel pour les finances guinéennes se monte à un million de dollars. Le riz est vendu à un prix imposé par le pouvoir politique. C'est de la vente à perte, subventionnée par l'État, qui entre en concurrence directe avec les commerçants traditionnels, obligés de baisser leurs prix de vente au détail pour écouler leurs stocks. L'opération pourrait paraître des plus astucieuses. Mais elle ne l'est pas. Car, bien sûr, une fois vendu le contenu des deux cargos acheminés sur l'ordre de Lansana Conté, le marché revient à sa situation de tension initiale. Pis encore ! Malgré les promesses de compensation, grossistes et détaillants ne parviennent pas à se faire payer par la puissance publique. Ils se retournent donc vers les consommateurs : les prix du riz repartent en très forte hausse. L'opération de Lansana Conté aura été un coup d'épée dans le riz.

Épilogue

Le monde a changé. La libéralisation a écarté les États et les mastodontes commerciaux. Excepté la Birmanie, aucun gouvernement ne se charge de vendre directement du riz. Hormis une ou deux grandes multinationales, au premier rang desquelles le groupe français Louis-Dreyfus, le négoce international du riz est, désormais, l'affaire de structures légères. Elles fournissent une marchandise souvent plus adaptée à la demande de la clientèle. De Genève à Anvers en passant par Karachi et Abidjan, elles engrangent les bénéfices, pendant qu'une main-d'œuvre asiatique misérable continue à nourrir des consommateurs africains qui le sont tout autant.

5.

POIVRE

On se bouscule nettement moins sur le marché du poivre. À Marseille, loin de l'insatiable appétit des compagnies genevoises, à mille lieues du vacarme des salles de marché, Claude Cuvillier a transformé le garage de la maison familiale en bureau. Du fond d'un banal lotissement de villas de la classe moyenne, quotidiennement, il contribue à ravitailler les industriels français en chargements de poivre. C'est à lui, et à quelques rares autres, que les consommateurs français et européens doivent de trouver au rayon « épicerie » de leur supermarché, puisque les épiciers ont disparu corps et biens, de petits flacons de poivre entier ou moulu. Profil modeste, légère pointe d'accent méridional, Claude Cuvillier a épinglé au mur, derrière son écran d'ordinateur, un graphique résumant l'évolution des cours du poivre ces dernières années. Seule cette courbe zigzagante rappelle la violence des variations.

Car les épices n'échappent pas à la règle générale : elles sont l'objet de vastes mouvements spéculatifs. Derrière les petits pots remplis de grains noirs qui trônent sur les étagères des cuisines, partout dans le monde, se cachent en effet d'importants flux commerciaux. L'aurions-nous oublié, pauvres amnésiques que nous sommes, que ressurgirait de nos mémoires le souvenir des grands anciens, explorateurs, aventuriers, navigateurs, Marco Polo, Christophe Colomb, Vasco de Gama, tous partis à la recherche de la Route des épices ! En ces temps lointains, la Route menait vers les Indes. Portugais, Hollandais et Britanniques se livrèrent une lutte acharnée pour tenter de garder le monopole de la production et de la commercialisation du poivre ou du girofle. Déjà, on détruisait des stocks pour éviter de faire baisser les cours ou pour spéculer à la hausse. La Compagnie hollandaise des Grandes Indes engrangea d'énormes bénéfices au détriment des cultivateurs et des consommateurs. Plus tard, Français et Américains se mêlent au pugilat.

Claude Cuvillier est l'un des successeurs des aventuriers jadis partis à la conquête du monde. Son itinéraire est moins haut en couleur, ses voyages moins héroïques, ses chambres d'hôtel de catégorie internationale plus confortables que les cabines des grands précurseurs. N'empêche ! Quand il se penche sur son parcours, quand revient le souvenir des hommes rencontrés, Claude Cuvillier ne peut retenir un : « Que d'aventures ! » Paraphrasant le Cid de Corneille, il pourrait s'exclamer : « Nous partîmes cent ! » Mais, au contraire de Rodrigue, quand il se retourne, Cuvillier ne voit pas trois mille compagnons. Il n'en aperçoit que quinze. Les troupes ont fondu. À la fin des années 1970, lorsque Cuvillier se met à son compte avec un collègue, le marché du poivre fait encore vivre une centaine d'entreprises. Elles sont dans le négoce, l'importation, l'industrie. Tous les jours, il faut parler avec leurs dirigeants. Certains sont convaincus que le poivre va se faire rare, que les Indiens, alors premiers producteurs mondiaux, n'auront pas assez de pluie, que la mousson sera tardive. Les prix vont monter. On verra ce qu'on verra ! Il faut se dépêcher d'acheter. Ils sont haussiers. D'autres au contraire sont baissiers, persuadés que la production, en Indonésie et au Brésil, compensera largement le déficit indien. La Berezina est assurée. Il faut se débarrasser au plus vite des stocks, attendre pour acheter. Tout le monde aux abris ! Entre les tenants des deux opinions, entre les téméraires et les prudents, entre les catégoriques et les dubitatifs, négociants et courtiers, incontournables intermédiaires, pouvaient jongler, arbitrer, grappiller quelques dollars par tonne, en un mot gagner confortablement leur vie. Ils prenaient des risques et un pourcentage au passage mais ils mettaient de l'huile dans les rouages, assuraient la fluidité du marché.

Le « physique », par opposition au « papier », était au cœur des débats. Il l'est toujours. Car, à l'inverse des grands produits tels que le café, le cacao, le coton, mais à l'instar du riz, le poivre s'échange de gré à gré, d'homme à homme, de téléphone à téléphone, d'e-mail à e-mail. Les quantités en jeu ne sont en effet pas suffisantes pour justifier la création, au sein des Bourses des marchandises, de contrats sur le poivre. La spéculation financière, les fonds de pension sont donc hors jeu, privés de leurs habituels instruments de travail. Ne se produisent et ne s'échangent dans le monde, bon an mal an, que deux cent mille tonnes de poivre. Excusez du peu ! C'est quand même assez pour faire bouger le marché de manière importante, pour créer des espaces où les plus casse-cou se risquent. Parfois, à leur plus grand bénéfice. D'autres fois, quand le risque est mal calculé, la chute est assurée.

C'est ainsi qu'en 1992 disparut du panorama européen du marché des épices celui qui en fut l'un des plus brillants animateurs : Gilbert Ducros. Son nom est célèbre car ses petits flacons sont partout dans le commerce. Mais l'homme a pris une retraite forcée après avoir été contraint de vendre sa compagnie aux Italiens de Ferruzzi. Gagné, ainsi que beaucoup de traders auxquels la réussite sourit, par une bonne dose de mégalomanie, Ducros n'a pas su s'arrêter. Il n'a pas su voir que le monde changeait, que la conception des affaires évoluait. Il ne suffisait plus que « monsieur Gilbert » soit connu comme le loup blanc, dans tout le Maghreb et en Europe, par les acheteurs locaux pour réussir ses coups. Gilbert Ducros avait pourtant déjà senti passer le vent du boulet. Vingt ans plus tôt, le marché s'était pour la première fois retourné contre lui. Sa société au bord de la cessation de paiement, son éternel cahier d'écolier à la main, Ducros avait fait le tour de ses fournisseurs, de ses créanciers. « Soit vous me forcez au dépôt de bilan, je disparais et vous ne récupérez qu'une toute petite partie de ce que je vous dois, leur avait-il expliqué, soit vous m'aidez, je me redresse et je vous paie. » Les créanciers choisirent la seconde solution, pour leur plus grande satisfaction.

Bien qu'autodidacte et discret, Ducros a le goût de l'aventure. Les marchés internationaux l'attirent. S'il a besoin de trois mille tonnes pour ses usines françaises, il en achète quatre fois plus et spécule sur neuf mille. D'industriel, Gilbert Ducros devient négociant. *Imperator* des épices, il contraint Claude Cuvillier à s'intéresser au Brésil, gros producteur de poivre. « Ou vous y allez, lui dit-il, et on fera des affaires ensemble, ou je me passerai de vous. » Chaque année pendant dix ans, Ducros et Cuvillier, l'industriel devenu négociant et le courtier, affréteront des cargos entiers à destination de la France, de l'Algérie, du Maroc. Ducros fera fortune mais pas Cuvillier.

« Monsieur Gilbert » évincé, les concurrents ayant disparu, discret mais tenace, de son bureau marseillais, Claude Cuvillier continue cependant à « faire » ses quelques milliers de tonnes de poivre par an, l'équivalent de la consommation française. À son grand désespoir, le nombre de ses interlocuteurs a diminué. Les mutations ne se sont pas arrêtées là. Leur qualité aussi a changé. L'époque n'est plus à la convivialité. Trop de bavardage ruinerait l'entreprise. Même le prix, jadis au cœur du métier et des contacts, n'intéresse plus ! Qu'une tonne de poivre vaille 1 000 ou 1 500 dollars ne changera rien au taux de rentabilité. La hausse est répercutée aux consommateurs. Plus que des acheteurs, Cuvillier a en face de lui des spécialistes de toxicologie, occupés à chasser l'ochratoxine, une moisissure potentiellement cancéreuse contre laquelle les autorités bruxelloises sont parties en guerre. Que le seuil maximum autorisé soit dépassé et le contrat est à l'eau. D'un monde haut en couleur peuplé d'aventuriers, de spéculateurs où la séduction, le contact humain jouaient un rôle important, voilà Cuvillier plongé dans un univers d'éprouvettes où le directeur de laboratoire a un pouvoir discrétionnaire sur les achats. On ne parle plus finance, on parle santé. On s'assure en permanence de la conformité aux normes sanitaires. Pour un malheureux chargement de poivre, ce sont des heures à vérifier des *check-lists*. C'est un nouveau métier.

L'irruption vietnamienne

Spectateur impuissant de bouleversements qui lui échappent, Claude Cuvillier a également vu le panorama des fournisseurs totalement chamboulé, par l'irruption d'un nouveau venu : le Vietnam. Car les Vietnamiens ont récidivé. Non contents de s'être hissés parmi les principaux producteurs mondiaux de café et de riz, les voilà au firmament du marché du poivre. En quelques années, ils ont brouillé les cartes. Alors que, depuis des décennies, Indiens, Indonésiens, Malaisiens et Brésiliens se partageaient tranquillement le marché, grâce à l'exceptionnelle fertilité de leurs terres les Vietnamiens ont réalisé un véritable hold-up. Laissant tous les autres sur place, ils sont désormais les maîtres incontestés du marché du poivre, les premiers producteurs et premiers exportateurs au monde. Leur récolte annuelle approche les cent mille tonnes, soit la moitié du total mondial des exportations. À partir du mois de février, les paysans vietnamiens récoltent les grappes de baies. De loin, on pourrait confondre celles-ci avec de petits grains de raisin. Mais ces grappes sont accrochées à des lianes, suspendues entre des piquets de deux mètres de hauteur. Selon qu'on veut du poivre vert, noir ou blanc, ces petites boules vont mûrir un peu, beaucoup, à la folie. Plongées dans un bain de saumure ou au fil de l'eau, elles sont ensuite séchées, convoyées, traitées, exportées. La position des Vietnamiens est d'autant plus forte que les Indiens consomment de plus en plus, exportent de moins en moins. C'est le résultat du développement de ce pays, le plus important au monde, du changement des habitudes alimentaires des couches les plus aisées de la population qui font de plus en plus appel à l'industrie agroalimentaire pour se nourrir. Les Vietnamiens ont donc le champ libre. Ils peuvent s'ébrouer sur le marché mondial. Sauf pour les quelques milliers de tonnes de poivre blanc dont l'île indonésienne de Bangka détient le quasi-monopole mondial, Indonésiens, Malaisiens et Brésiliens font figure de fournisseurs d'appoint.

La position vietnamienne est d'autant plus solide que Vinacofa, l'organisme vietnamien chargé de réguler la politique agricole à l'exportation, n'a pas réédité les erreurs commises sur le marché du café. La leçon a été retenue. Pour massive qu'elle soit, la production vietnamienne n'a pas cassé le marché. Hanoi a su raison garder. Bien sûr, le prix du poivre n'est plus ce qu'il était. Les soubresauts sont devenus rares. Finie, la volatilité ! Car, avec les énormes volumes disponibles en Asie, les acheteurs n'ont plus de raison de s'inquiéter, de spéculer, de pousser à la hausse ou à la baisse, de jouer avec le feu. Jadis, les négociants, les traders pouvaient appeler leurs clients et fanfaronner. « J'achète 100 dollars sous le cours du jour », affirmaient-ils. Deux ou trois coups de fil plus tard, l'information commençait à circuler et le marché se mettait à baisser. Souvent, le propagateur de l'information ne croyait pas un mot de ce qu'il racontait, convaincu au contraire d'une hausse à court terme. Mais la baisse, qu'il avait orchestrée, lui permettait d'acheter de grosses quantités à bon compte et de les revendre avec de confortables bénéfices quelques jours, quelques semaines plus tard. À ce petit jeu, de tous les intervenants, les plus lésés étaient, bien sûr, les producteurs, d'autant plus vulnérables et faibles qu'ils étaient mal informés. Les Indiens ne passaient pas leur temps au téléphone avec les Indonésiens, encore moins avec les Brésiliens. Ils n'en avaient ni le temps ni le souci. Les négociants européens ou américains étaient, eux, au centre du monde. Téléphoner, rassembler les informations et les exploiter, tel était leur métier. Ainsi pouvaient-ils mener le marché à leur convenance, provoquer l'effondrement des cours ou, au contraire, leur envolée sur un simple appel téléphonique. Tôt ou tard, la réalité s'imposait : soit il y avait du poivre en pagaille, soit il n'y en avait pas. Habitués à ce genre de manœuvre depuis les temps anciens, quand, au XVIIe siècle, leur Compagnie des Indes tentait d'imposer son monopole sur le commerce des épices en général et du poivre en particulier, les Hollandais furent aussi les derniers en date à s'y brûler les doigts.

Grands commerçants devant l'Éternel, présents dans toutes les filières d'approvisionnement du marché mondial des matières premières – d'où l'importance du port de Rotterdam –, les Hollandais occupent aujourd'hui encore une position centrale sur l'échiquier mondial du poivre. Deux grands négociants se partagent le gâteau : Katz et Man Producten. L'habitude qui est la leur de jouer un rôle déterminant dans l'établissement des prix les a amenés à des heurts frontaux avec les Vietnamiens. Depuis quatre ans, la seule spéculation possible concerne en effet l'importance de la récolte de poivre vietnamienne. Qu'elle soit conséquente et les cours chuteront. Qu'elle soit faible et les cours se redresseront. Vouloir faire baisser les cours, c'est nuire sciemment à l'économie vietnamienne. Les hostilités démarrent en 2002. Cette année-là, les estimations des experts de Man Producten divergent de celles des Vietnamiens. Entre les statistiques des négociants de Rotterdam et celles des fonctionnaires de Hanoi, la différence est d'environ dix mille tonnes. Divergence importante puisque la récolte vietnamienne tourne alors autour des soixante mille tonnes. Les chiffres hollandais sont d'autant plus crédibles que Man Producten est installé au cœur du système de production vietnamien grâce à une usine de transformation du poivre qui fonctionne toute l'année. Pour les Vietnamiens, cependant, il est clair qu'en annonçant une récolte record, en disqualifiant les projections vietnamiennes au motif que la sécheresse annoncée n'aura pas les conséquences prévues, les Hollandais veulent faire baisser les cours, pour approvisionner leur usine à bon compte.

Événement rare dans ces métiers, le président de l'association vietnamienne du poivre rend alors publique une longue lettre de dénonciation de l'attitude hollandaise. Il s'en prend à l'attitude « à la Dickens » des « riches élites hollandaises » auxquelles il reproche une feinte objectivité, un égoïsme et un manque de compassion susceptibles de rendre les paysans pauvres du Vietnam encore plus pauvres. Vive la lutte des classes ! Haro sur les exploiteurs ! La vigueur de la réaction vietnamienne est aisément compréhensible. Accordant plus de crédit aux estimations hollandaises qu'à celles martelées par les Vietnamiens, les acheteurs offraient des prix en nette baisse. Le marché s'effondrait.

Hanoi n'en reste cependant pas aux simples protestations et sollicite le soutien de l'International Pepper

Community. Ce club des producteurs de poivre, sis à Djakarta en Indonésie, organise tous les ans un colloque consacré au marché du poivre et publie régulièrement des statistiques. Celles-ci ont valeur officielle et constituent l'une des références des professionnels. Fin avril 2002, le président de l'International Pepper Community sort donc de sa torpeur et confirme les estimations de Hanoi : la récolte de poivre vietnamienne sera inférieure de 20 % aux estimations initiales. Les Hollandais s'en étouffent. Ils tentent de disqualifier le président de l'IPC. « Ses déclarations, affirmèrent-ils, s'expliquent par sa volonté de voir le Vietnam rejoindre le giron de son organisation. » Selon les Hollandais, seul le clientélisme motiverait la position du patron de l'IPC. Peut-être était-ce vrai. Peut-être ceux qui doutaient de la véracité des estimations vietnamiennes avaient-ils raison. Tout le monde avait en tête les chiffres records des récoltes de café. Il n'y avait pas de raison qu'il en aille autrement pour le poivre. Quant à la confiance à accorder aux Vietnamiens eux-mêmes, elle était à la mesure des innombrables entourloupes auxquelles ils avaient habitué le négoce international lors de l'exécution ou de la non-exécution des contrats sur le café ou sur le riz. La suspicion était donc de rigueur.

Toutefois, la prise de position du président de l'International Pepper Community fut plus forte que tout. Pour les traders, pour les courtiers, pour les industriels, pour les acheteurs quels qu'ils soient, il était clair que la récolte vietnamienne de poivre ne serait pas aussi importante que prévu. On allait manquer de poivre ! Les prix allaient monter. Il fallait se dépêcher d'acheter. Tout le monde se rua sur son téléphone pour contacter les fournisseurs vietnamiens, indonésiens ou malaisiens. Naturellement, ceux-ci avaient augmenté leurs prix. Les cours se redressaient. Ils sortaient du marasme dans lequel ils étaient plongés depuis l'irruption vietnamienne sur le marché du poivre en l'an 2000. Forts de leur expérience, les Vietnamiens n'en restèrent pas là. Puisque tout le monde voulait de leur poivre, puisque tout le monde se précipitait chez eux, ils pouvaient tenir la dragée haute aux acheteurs. Au lieu de vendre à tout-va leur récolte, ils se mirent l'écouler au compte-gouttes. Ils serraient le garrot. Ils prenaient leur revanche. En quelques jours, les prix du poivre doublèrent, passant de 900 dollars la tonne à près de 2 000 dollars. Les Vietnamiens triomphaient. Les Hollandais et ceux qui les avaient suivis buvaient la tasse. Car, naturellement, en commerçants cohérents, puisqu'ils avaient annoncé une production vietnamienne et des prix en baisse, ils s'étaient engagés à vendre à ces niveaux très faibles, environ 1 000 dollars la tonne, un dollar le kilo. Les lois du commerce sont impitoyables. Ils durent s'exécuter : vendre au prix convenu. Mais acheter au prix dicté par les Vietnamiens. C'est-à-dire subir des pertes financières d'autant plus importantes que le marché du poivre ne connaît pas les douceurs des marchés à terme et qu'il est impossible de se prémunir contre de telles contrariétés. On ne peut récupérer sur « le terme » ce qu'on perd sur « le physique ».

L'échec hollandais

La partie n'était pourtant pas terminée. En janvier 2003, les Hollandais de Man Producten reproduisirent le même scénario. Rédigé sous la direction de Han Herweijer, trader expérimenté mais réputé mauvais coucheur, leur bulletin annuel annonçait, de nouveau, une surproduction mondiale de poivre. Avec une récolte de quatre-vingt mille tonnes, le Vietnam confirmait sa position de premier producteur mondial. Cette fois-ci, la prévision n'était pas inexacte. Les hangars vietnamiens regorgeaient de petites baies noires. Il était évident que les cours du poivre allaient s'effondrer. Pourtant, phénomène inexplicable dans un monde où l'offre et la demande règnent en maîtres, rien ne vint. Herweijer dans son bureau de Rotterdam avait beau prédire une chute des prix, s'arc-bouter sur ses convictions, enrager, les Vietnamiens semblaient bénéficier d'une chance insolente. Les prix se maintenaient ! « Tôt ou tard, assuraient les Hollandais, les Vietnamiens seront obligés de baisser leurs prix. Ou ils ne trouveront pas preneur. » Mais à Hanoi, les organismes exportateurs de poivre connaissaient toutes les ficelles du métier. Ils ne tombaient plus dans le panneau. Certes, ils avaient du poivre. Mais rien ne les obligeait à tout vendre, tout de suite. Assis sur leurs stocks, les entrepôts verrouillés, ils laissèrent les acheteurs hollandais s'époumoner. La consommation européenne et américaine allait bon train. Au mois de juin 2003, du côté des consommateurs, les stocks étaient au plus bas. Un mouvement de panique allait se déclencher. De nouveau, les Vietnamiens dictaient leur loi. Les prix montaient. Sans pitié, les Vietnamiens retenaient les cargos. Rien ne sortait. À Djakarta, les dirigeants de l'International Pepper Community étaient pliés en deux de rire. Quelle satisfaction de voir les Vietnamiens tenir tête aux Hollandais ! Quel plaisir de les observer prendre le pouvoir sur le marché du poivre !

À Rotterdam, on tenait bon. On jugeait le poivre vietnamien trop cher. On décidait d'attendre la récolte brésilienne du mois d'octobre suivant. Quarante mille tonnes allaient sortir des plantations brésiliennes. Cela ferait baisser les prix. Cela ramènerait les Vietnamiens à plus de sagesse. Ils allaient voir ce qu'ils allaient voir ! Ils virent en effet. Mais ce n'était pas ce que prévoyaient les Hollandais. Car les Brésiliens avaient compris la leçon vietnamienne. Ils s'empressèrent de ne pas vendre. Alors qu'Européens et Américains se préparaient à une avalanche de poivre brésilien, il n'y eut qu'un goutte-à-goutte. Les prix ne bougèrent pas. Ils en restèrent là où les Vietnamiens avaient décidé qu'ils devaient être.

Côté hollandais, cette nouvelle douche froide eut quelques conséquences. Contrairement aux habitudes solidement établies, en janvier 2004, Man Producten ne publia aucune estimation de la récolte vietnamienne à venir. Les échecs des années précédentes avaient fait trop mal. Han Herweijer, accusé d'être le principal responsable des mauvais résultats enregistrés, prit une retraite forcée. Et les financiers britanniques se débarrassèrent de Man Producten, laissant la compagnie à ses principaux dirigeants. À Djakarta, à la fin du mois de septembre 2004, les Vietnamiens annoncèrent leur intention de rejoindre l'International Pepper Community. Certains y virent la confirmation de ce qu'ils pressentaient : un cartel des producteurs de poivre était en train de naître. Ceux-là allaient un peu vite. Dicter leur loi aux acheteurs ne suffisait pas aux exportateurs vietnamiens. Ils voulaient aussi asseoir définitivement leur domination sur le camp des producteurs, éliminant certains d'entre eux, si besoin était. Les paysans malaisiens de la région de Sarawak furent les premières victimes. Avec un coût de production égal au prix du marché, ils ne gagnaient plus d'argent. Le gouvernement de Kuala Lumpur les incita à se regrouper pour réduire leurs frais, en attendant que l'orage passe. Passera-t-il ? On peut en douter.

6.

LE MIRAGE ÉQUITABLE

Début mars 2005, à la recherche d'une image plus moderne pour faciliter le processus de privatisation de leur entreprise, les dirigeants de Dagris, la société cotonnière française, convoquaient la presse. Après de longs mois de préparation, avec l'appui de l'État, associés à quelques industriels hexagonaux du textile et aux habituelles ONG, ils annonçaient, à grand renfort de roulements de tambours, le lancement d'une filière de « coton équitable » en Afrique de l'Ouest. Alors que la production mondiale dépasse largement les vingt millions de tonnes, dont un million venu d'Afrique de l'Ouest, les dirigeants de Dagris et leurs acolytes s'engageaient à commercialiser selon des procédures dites « équitables »... quelques dizaines de tonnes de coton. L'affaire était présentée comme porteuse d'avenir. Ce n'était en réalité que le dernier avatar d'une idée très prisée par quelques secteurs de l'opinion publique des pays développés à laquelle on propose de marier l'utile et l'agréable : lutter contre le sous-développement en faisant ses courses.

Lancé dans les années 1960 par des milieux proches

de l'Église catholique, le mouvement équitable ou solidaire a démarré en diffusant l'artisanat des pays du tiers-monde. Il s'appuie sur la notion d'équité théorisée de manière très floue par le philosophe américain John Rawls. Mais il n'émerge réellement qu'au cours des années 1980 avec les soubresauts du marché du café. Depuis, ce phénomène n'a cessé de prendre de l'ampleur. Le principe en est limpide : demander au consommateur de payer plus cher son paquet de café ou sa plaque de chocolat de manière à mieux rémunérer le paysan qui se trouve au début de la chaîne de production. Celui-ci peut ainsi vivre décemment. Le mouvement est porté par de nombreuses organisations non gouvernementales. En Europe, l'une des plus actives est d'origine hollandaise. Empruntant son nom à un héros de la littérature coloniale batave, l'association Max Havelaar a beaucoup fait pour la médiatisation du commerce équitable. Implantée dans de nombreux pays européens, elle certifie le caractère équitable ou solidaire des paquets de café, de riz ou de chocolat qui aboutissent sur les présentoirs des grandes surfaces. Elle s'assure que l'exportateur paie le paysan au prix fixé.

La différence avec les cours du marché mondial n'est pas mince. Alors que les cours du café à la Bourse de New York oscillaient en 2004 autour de 70 cents la livre, au Nicaragua ou au Guatemala, comme dans toute l'Amérique latine, ici et là, des associations américaines ou européennes enlevaient le café de quelques coopératives ou communautés paysannes à des prix deux fois supérieurs, permettant à ces groupes de population de vivre plus confortablement, de développer leurs réseaux de transport, leurs entrepôts, de construire écoles et dispensaires, d'installer électricité ou eau courante. Au Mexique, dans l'État d'Oaxaca, l'une des coopératives affiliées aux réseaux équitables regroupe 16 000 producteurs. Même en Haïti, où la production de café n'a cessé de reculer, le commerce équitable est à l'œuvre :

neuf coopératives de la région de Cap-Haïtien, au nord du pays, réussissent tant bien que mal à exporter tous les ans quelques conteneurs d'un arabica lavé que les connaisseurs décrivent comme de grande qualité. Les fonds générés par ces ventes ont permis aux villageois de construire un pont sur une rivière, d'installer quelques salles de classe dans une école et quelques toits en dur sur la place du marché, pour abriter les commerçants locaux. Autant d'améliorations de la vie quotidienne qui auraient été impossibles si le café avait été payé sur la base des cours mondiaux. Pour les hommes et les femmes qui en bénéficient, c'est le sentiment de gagner en considération sur la scène internationale. En contrepartie, les acheteurs équitables imposent à leurs fournisseurs le respect d'un cahier des charges très précis. Le travail des enfants, le travail forcé, les violations des droits de l'homme sont bannis. Les coopératives, intermédiaires obligés entre les petits producteurs et le marché, doivent être correctement et honnêtement gérées. Pour grappiller quelques cents de plus qui viendront s'ajouter au prix « équitable », il est également conseillé de cultiver son café ou son cacao, ses bananes ou son riz selon les règles de l'agriculture biologique dont les consommateurs des grandes métropoles du monde développé se montrent friands.

Les médias se font largement l'écho de cette vogue. Reportages télévisés, articles de presse narrent à satiété les retombées positives de ce commerce d'un nouveau genre. Rares sont les étalages de grandes surfaces à ne pas offrir aux consommateurs généreux des paquets de café ou de chocolat équitables. Pas moins de 35 000 supermarchés européens proposent du café équitable à leurs clients ! Au centre des grandes villes, à Londres comme à Paris, à Los Angeles comme à Berlin, fleurissent les bistrots équitables. Confortablement installé dans un fauteuil en cuir, le chaland ne peut ignorer ce qu'il boit. Rue Saint-André-des-Arts à Paris, quelques panonceaux judicieusement placés détaillent les mérites du lieu, décrivent les avantages qu'en retirent les petits producteurs du Guatemala ou du Rwanda. D'ailleurs, leur café est exposé dans de grands bocaux transparents qui trônent sur les comptoirs. Boire ce café, voir les grains torréfiés, lire leur histoire, c'est déjà toucher du doigt la réalité paysanne et apporter son petit grain de sable à la dénonciation du commerce libéral qui ruine les petits paysans. C'est contribuer à l'émergence d'une alternative économique viable.

De tous les pays européens, l'Allemagne et les Pays-Bas sont ceux où le café équitable a fait la plus importante percée. La Grande-Bretagne n'est pas en reste. Mais, globalement, c'est en Suisse que le commerce équitable enregistre ses plus grandes réussites. L'une des deux principales chaînes de supermarchés du pays, Coop, y adhère pleinement. Près de la moitié des bananes consommées en Suisse sont équitables. Qu'une multinationale de la banane comme Chiquita, célèbre pour la brutalité de ses pratiques sociales et écologiques, perde des parts de marché ne fera pas pleurer grand monde. On notera cependant que les quelques dizaines de milliers de tonnes de bananes consommées en Suisse ne pèsent pas lourd par rapport aux quatre millions de tonnes du marché européen, pour ne parler que de lui seul. En définitive, on pourra trouver paradoxal que le commerce équitable trouve le meilleur accueil dans le pays européen le plus conservateur, l'un des plus attachés qui soient aux règles du capitalisme libéral et au secret bancaire, celui, enfin, où beaucoup de multinationales du négoce des matières premières, de la torréfaction du café, du broyage des fèves de cacao ont trouvé refuge.

Équitables questions

Le moment est donc venu de commettre un crime : interroger le commerce équitable, cesser de le considérer béatement comme la panacée. Car, noyé sous les actions de communication en sa faveur, régulièrement soumis à des « semaines du commerce équitable », abreuvé de reportages télévisés vantant les mérites de telle ou telle association, décrivant sur un ton compatissant le désespoir des petits producteurs et leur soulagement face aux bons prix qui leur sont offerts, aveuglé par les campagnes de promotion des grandes surfaces qui affirment vendre les paquets de café équitable par centaines de milliers, on en viendrait à oublier les faits : sur l'échelle mondiale du commerce, le créneau « équitable » ne représente rien. En 2003, le produit le plus « travaillé » par le commerce équitable était le café : 19 000 tonnes avaient été portées sur les étalages des pays consommateurs *via* le commerce équitable. Mais ce n'était que 0,3 % de la récolte annuelle de café, qui tourne autour des 6,5 millions de tonnes. Quant aux supermarchés français, leurs « centaines de milliers de paquets » se résument à quelques centaines de tonnes. Cela n'empêche pas les militants équitables de se gargariser des dizaines de millions de dollars générés par leur activité. « Au détail, on fait 500 millions de dollars », déclarent certains d'entre eux. Mais un rapide calcul permet de mieux cerner la réalité de l'opération. En fait, les 19 000 tonnes vendues par les filières équitables ne rapportent que 40 millions de dollars de plus aux paysans que ce qu'ils auraient gagné dans les circuits normaux. Si, comme nous le rabâchent les militants équitables, leur géniale idée concerne 550 000 paysans, cela fait 72 dollars par tête et par an. 6 dollars ou 5 euros par mois ! Fabuleux résultat !

Les quantités de café traitées par le commerce équitable ont beau être insignifiantes, sans rapport avec le battage qui les entoure, ses promoteurs cherchent à tout prix à convaincre de l'importance de ce courant. « Si nous ne nous battions pas en laissant entrevoir une marge phénoménale de croissance, les supermarchés ne nous prendraient pas en considération », se défendent les dirigeants du commerce équitable. Peut-être. Mais l'énorme bulle médiatique qui entoure ce phénomène de mode a une autre conséquence : c'est de laisser accroire que le commerce équitable est une alternative au commerce mondial actuel, que les circuits commerciaux qui prévalent aujourd'hui pourront être remplacés, demain, par les circuits solidaires. En clair, que Nestlé, Kraft Jacob Suchard, Sara Lee, Neumann, Rothfos, Ed & F Man, puissantes multinationales de la torréfaction et du négoce du café, sont vouées à la disparition, laminées qu'elles seraient par les petits distributeurs qui s'abritent aujourd'hui sous la bannière de l'équité.

C'est là un bien gros mensonge. Il est inimaginable, vu le rapport des forces en vigueur aujourd'hui, qu'un tel bouleversement se produise dans un avenir prévisible. D'abord parce que nous sommes dans un monde où la course aux prix les plus bas ne connaît pas de limites. Le succès des centres « *hard discount* » le prouve. Dans cette ruée vers le bon marché, comment imaginer que les produits équitables, plus chers, soient promis à un brillant avenir ? C'est oublier que l'économie internationale est une guerre, une bataille de tranchées dans laquelle tous les coups sont permis. Les gigantesques forces qui s'y déchaînent ne seront jamais tenues en respect par quelques dizaines de sociétés ou d'associations défendant le « *fair trade* ». La notion d'équité est si floue, les travaux de recherche théoriques si rares, que producteurs et acheteurs des circuits équitables n'ont pas la même interprétation de la portée et du sens de cette initiative. Récemment, affolé par l'explosion des bénéfices que ses fournisseurs latino-américains tiraient de la dévaluation du dollar par rapport à l'euro, un entrepreneur équitable décida, unilatéralement, de payer ces coopératives en dollars et non plus en monnaie européenne. Payées en euros, une fois l'opération de change effectuée, les coopératives paysannes se trouvaient en effet rémunérées bien au-delà de ce qui était prévu. La baisse brutale de la rémunération provoqua bien sûr la protestation des dirigeants des coopératives concernées qui durent, cependant, s'incliner. Car, comme toujours, et le commerce équitable n'y peut rien, en période de surabondance de l'offre, le consommateur est maître du jeu. Les tensions entre fournisseurs et acheteurs équitables sont donc patentes. Pour les premiers, il s'agit avant tout de trouver de nouveaux débouchés sur les marchés mondiaux, quels qu'ils soient. Pour les seconds, il s'agit de contribuer au développement des pays du tiers-monde.

Là encore, le bât blesse car, contrairement à ce qu'on veut nous faire croire, ce ne sont pas les plus pauvres, les plus misérables des producteurs qui profitent du « *fair trade* ». La plupart du temps, les bénéficiaires en sont les communautés paysannes les plus soudées, les plus dynamiques, celles où le niveau d'éducation est déjà le plus élevé. Elles seules sont capables de maintenir le contact avec les ONG qui soutiennent le commerce équitable, d'affronter les questions commerciales et les contrôles techniques qui sont imposés. Le commerce équitable contribue donc, bien involontairement, à marginaliser encore les plus misérables. Par ailleurs, la logique de pouvoir inhérente à toute structure humaine pousse les coopératives à retenir une part croissante du prix équitable. Certes, cela contribue au renforcement de l'organisation et à l'édification d'infrastructures collectives. Mais, en bout de chaîne, le petit paysan ne reçoit, comme d'habitude, que ce qu'on veut bien lui donner. En moyenne, sur 140 cents de prix officiel pour chaque livre de café, environ 50 sont ponctionnés par la coopérative. Ce filtrage explique les réticences de certains paysans, constatées sur le terrain par les chercheurs, en particulier au Chiapas, dans le sud du Mexique.

Contrairement à l'idée subliminalement propagée par ses promoteurs, le commerce équitable n'a donc rien de révolutionnaire. Il ne subvertit pas l'ordre économique international. En achetant un paquet de café labellisé Max Havelaar, on ne participe pas à l'édification, demain ou après-demain, d'un monde meilleur, d'un autre monde. Cette présentation des choses est une véritable escroquerie intellectuelle. Non seulement le commerce équitable n'est pas capable de concurrencer les circuits commerciaux habituels ; mais, en plus, il s'appuie sur eux, en ne remettant que très partiellement en cause la chaîne des intermédiaires qui contribue à acheminer les grains de café des producteurs vers les consommateurs.

Certes, l'activité des « coyotes » centraméricains qui convoient les sacs de café produits par les petits cultivateurs du bout du chemin vers les centres de regroupement est réduite. Mais un nouvel acteur a fait son apparition du côté des consommateurs. C'est le « certificateur », rôle joué par des associations du type Max Havelaar. Comme souvent dans le monde associatif, cette organisation est à la fois juge et partie. Elle encourage le développement du commerce équitable. Elle organise de nombreuses campagnes de promotion en s'appuyant sur la présence de petits paysans producteurs. En même temps, elle vit de la certification. Les experts qu'elle envoie auditer les coopératives aux quatre coins du monde sont rémunérés. Il faut assurer leurs frais. Ce volume financier est dégagé par un prélèvement sur chaque paquet de produit équitable vendu dans le commerce sous le label Max Havelaar. Quand il le faut, les subventions publiques viennent combler les déficits. Le commerce équitable opère donc un véritable tour de passe-passe, substituant un intermédiaire à un autre, ne bouleversant que très modestement la chaîne des échanges internationaux. On retrouve toujours l'exportateur, le négociant, le torréfacteur et le vendeur final. « On s'est mis à faire un peu d'équitable, confiait un négociant européen fin 2004. Il y a du beurre à faire en ce moment. » Et pour cause : les marges des uns et des autres sont toujours aussi confortables.

Les multinationales aussi

De plus en plus nombreuses sont d'ailleurs les grandes compagnies à la recherche d'un supplément d'âme à chasser sur le territoire équitable. La première approche se fait parfois timidement, sans tambour ni trompette. À la mi-2003, le quotidien *Sud-Ouest* se faisait l'écho de l'initiative sympathique d'un chocolatier bordelais : il commençait à vendre des tablettes de chocolat équitable. Un détail clochait, qui ne pouvait qu'échapper aux consommateurs. Ce chocolatier, excellent professionnel au demeurant, s'approvisionnait en masse et en beurre – les deux dérivés du cacao qui permettent de fabriquer le chocolat – auprès du numéro un mondial de la spécialité, le suisse Barry Callebaut. Interrogé à Londres, un trader en tombait à la renverse. Pour lui, Barry Callebaut au royaume du commerce équitable, c'était Al Capone chez les bonnes sœurs. L'émoi de ce professionnel chevronné, ayant traîné ses guêtres sur tous les marchés et ayant vécu dans toutes les zones de production, s'expliquait ainsi : selon lui la multinationale suisse avait les pratiques les plus agressives imaginables sur le marché du cacao. Elle jouait systématiquement la baisse au détriment des producteurs, de Côte-d'Ivoire en particulier. Alors, que cette société-là se donne le beau rôle en jouant la carte équitable, il y avait de quoi s'étouffer ! Les exemples de ce genre de manipulation pullulent. La multinationale Procter & Gamble, l'un des grands lessiviers de la planète, par ailleurs l'un des principaux acteurs du marché du café, *via* sa filiale Philip Morris, a ainsi discrètement lancé en 2003 quelques marques de café équitable sous l'étiquette Millstone. Dans un premier temps disponibles sur Internet seulement, ces paquets de café commencent aujourd'hui à être distribués dans le commerce. Mais on ne fera croire à personne que les dirigeants de la multinationale ont changé leur fusil d'épaule et s'apprêtent à basculer toute leur production de café dans le créneau de l'équitable.

On aura pu trouver un autre exemple de dérive dans les colonnes du *Journal du dimanche* du 9 septembre 2004. Les lecteurs y découvraient les bontés du chocolatier français Cémoi qui, disait-on, lançait dans les hypermarchés de l'Hexagone des plaquettes « équitables ». Le cacao venait d'Équateur où, depuis une dizaine d'années, les équipes de Cémoi travaillaient en collaboration étroite avec les chercheurs du Cirad, le Centre de coopération internationale en recherche agronomique pour le développement. Photos à l'appui, on apprenait que la société française payait bien, 300 dollars par mois pour les petits producteurs, ce qui leur permettait de financer la scolarité et la santé de leurs familles. La vente de tablettes de chocolat équitable Cémoi explosa. En 2004, Cémoi aurait acheté 25 % de cacao en plus aux producteurs équatoriens de la région de San José de Tambo, non loin de Guayaquil, grand port et capitale économique de l'Équateur. Ce qui devrait porter les achats pour 2004 au fabuleux total de 812 tonnes ! Le lecteur pouvait s'esbaudir à bon compte. Voilà donc une société commerciale française qui ne se revendique pas de l'association Max Havelaar et qui fait du commerce équitable. Oui, on pouvait croire à la lecture de l'article que le commerce équitable prenait une véritable ampleur. Mais pour être complets, les dirigeants de Cémoi auraient dû signaler que, s'ils achetaient 800 tonnes de fèves de cacao à un prix équitable, c'est parce qu'ils en prenaient 40 000 au prix du marché en Côte-d'Ivoire. Autrement dit, l'opération équatorienne de Cémoi, pour sympathique, pour utile qu'elle soit à quelques dizaines de cultivateurs équatoriens, servait avant tout la publicité et l'image de la société française, qui « oubliait » de s'appesantir sur le jeu très classique qu'elle jouait à Abidjan – qui ne mérite certes pas de condamnation, mais certainement pas non plus de louanges.

Pis encore, quand il est pratiqué de manière sauvage, le commerce équitable peut servir de prétexte à de véritables escroqueries et provoquer de graves dégâts. Courant 2003, un importateur français se rendit au Laos, dans une zone de production de café qui avait 450 tonnes de café à vendre. L'homme promit monts et merveilles. Les paysans laotiens le crurent. Ils refusèrent de vendre aux autres exportateurs qui offraient simplement les prix du marché, c'est-à-dire beaucoup moins. Le généreux acheteur revint quelques semaines plus tard. Des 450 tonnes, il n'en prit que 5 ! Le reste dut être bradé. Entre-temps, les cours mondiaux avaient chuté et la qualité des cerises de café s'était détériorée.

On comprend donc que, du côté des producteurs, le commerce équitable ne fasse pas l'unanimité. Au sein de l'Organisation internationale du café, le langage officiel se veut prudent. L'Organisation a fait siennes les fumeuses théories du développement durable. Il lui est donc difficile de se dresser officiellement contre le commerce équitable. Son directeur exécutif, Nestor Osorio, prouve sur ce sujet qu'il maîtrise à la perfection la langue de bois. Il suffit cependant de gratter un peu pour trouver chez certains délégués une opposition des plus virulentes au commerce équitable. C'est le cas du représentant de la Papouasie-Nouvelle-Guinée. Partageant l'essentiel de son territoire avec l'Irian Jaya indonésien, la Papouasie-Nouvelle-Guinée est un pays pauvre au développement inachevé. La population vit essentiellement de l'agriculture. La vanille et le cacao commencent à s'y développer de manière significative. Le pays exporte aussi tous les ans environ 60 000 tonnes de café. Celui-ci est produit dans de petites exploitations sur lesquelles les paysans peinent à gagner correctement leur vie. Mais ce n'est pas la misère et on ne meurt pas de faim. Les paysans sans terre sont rares. Les systèmes d'entraide sont relativement développés ; ils permettent de se nourrir mais pas d'accéder aux biens de consommation courants, aux bons hôpitaux. Moins encore à des études poussées pour les enfants. On pourrait donc penser que le représentant de Papouasie-Nouvelle-Guinée auprès de l'Organisation internationale du café à Londres, Mick Wheeler, se féliciterait chaudement des initiatives du commerce équitable, qu'il se réjouirait de voir, un jour, certains de ses compatriotes améliorer leur niveau de vie grâce à l'action méritante de militants bénévoles ou d'ONG bien établies. Pourtant c'est tout le contraire. Interroger Mick Wheeler sur le sujet, c'est susciter une irritation immédiate. Aux yeux de Wheeler, le commerce équitable est terriblement nuisible aux intérêts des producteurs de son pays. « Voyez, dit-il, ces campagnes de publicité faites par les défenseurs du *fair trade*. L'affiche présente un buveur de café en train de faire la grimace. Sous-entendu parce que le prix payé aux producteurs est trop bas. Et qu'il ne faut donc pas en acheter. Ces campagnes, poursuit Wheeler, contribuent à donner une image négative du café. » Rien d'étonnant à ce que la consommation régresse comme en ce moment. En Grande-Bretagne en effet, ou en Allemagne, la consommation de café recule. Il est certainement excessif d'en attribuer l'entière responsabilité aux campagnes du commerce équitable. Mais la colère de Mick Wheeler ne s'arrête pas là. Il constate qu'Oxfam, la grande ONG britannique, aide, d'un côté, à détériorer l'image du café vendu dans le commerce courant en soutenant très activement les campagnes du commerce équitable. De l'autre, cette même Oxfam cherche à tirer profit de l'image positive des produits équitables en lançant fin 2004, dans le sud de Londres et en Écosse, une chaîne de *coffee shops* où l'on peut déguster du café labellisé *fair trade* venu du Honduras, d'Éthiopie et d'Indonésie. Pour Mick Wheeler, Oxfam se comporte tout bonnement en commerçant, jouant à fond la concurrence, dénigrant un produit pour en favoriser un autre, allant en quelque sorte bien au-delà de son rôle humanitaire.

Le doigt qui cache la forêt

En fin de compte, le commerce équitable améliore l'ordinaire d'une poignée de producteurs pauvres. Mais le vacarme fait par ailleurs autour de ce phénomène dans les pays consommateurs contribue à occulter les vrais problèmes : ceux posés par la disparition des grands accords internationaux et des caisses nationales de péréquation là où elles existaient. Sont également passées sous silence la redistribution des cartes entre pays producteurs – au bénéfice du Brésil et du Vietnam mais au détriment des Africains et des Centraméricains – comme la baisse significative de la consommation dans les grands pays européens. Par le discours lénifiant et charitable qui est le leur, les partisans du commerce équitable se font les complices des grandes multinationales qui profitent de la situation. L'hypocrisie a même gagné les couloirs du Palais-Bourbon à Paris : l'Assemblée nationale française n'achète que du café équitable. Entre deux débats, entre deux commissions, les députés sirotent un café au goût de compassion, ce qui est certainement plus facile que de chercher à régler le problème par des voies politiques ! On le constate, le mariage de l'idéalisme et de l'empirisme n'a pas permis, bien au contraire, de faire émerger les grandes questions politiques qui auraient probablement pu secouer, un peu, les dirigeants politiques et économiques de la planète. Seul le dossier du coton a été véritablement abordé.

Mais c'est parce que les dirigeants des pays africains concernés se sont dressés contre les États-Unis et l'Europe et qu'ils ont bénéficié de l'efficace relais des ONG engagées dans cette bagarre. Concernant la situation sur le marché du café, les responsables des organisations équitables sont trop occupés à faire fructifier leurs petites affaires pour s'occuper des dossiers de fond. En jouant les boy-scouts, ils ont desservi l'immense majorité des 25 millions de producteurs de café. Restez-en là ! a-t-on envie de leur crier.

Cela ne veut pas dire qu'il faille laisser les producteurs de café, de cacao, de coton des pays tropicaux seuls face au marché. La dérégulation à laquelle on a assisté depuis le début des années 1980 contribue à ruiner les paysans et les États nationaux. À l'autre bout de la chaîne, les consommateurs achètent moins, parce que la qualité du produit qui leur est proposé baisse. Le système en vigueur est donc inefficace parce que mal régulé. L'asymétrie des pouvoirs entre consommateurs et producteurs, à laquelle ne s'attaque pas le commerce équitable, ne permet pas un bon fonctionnement du marché. La crise ne fait cependant que commencer. Au cours des prochaines années, le poids des fonds d'investissement spéculatifs étant appelé à se renforcer de manière très significative, l'instabilité des cours sera croissante. Le prix de ces denrées aura de moins en moins à voir avec les besoins des producteurs, de plus en plus avec les impératifs des gestionnaires des fonds et de leurs actionnaires. Il serait suicidaire de laisser le système évoluer ainsi. Il faut d'urgence mettre en place une série de mesures pour protéger les paysans. Le retour au système des quotas semble néanmoins impossible dans la configuration politique internationale actuelle.

Alors, pourquoi ne pas exiger que les paysans producteurs de café soient associés aux bénéfices réalisés dans les pays développés par les grandes multinationales ? Pourquoi ne pas exiger qu'une partie des taxes perçues par les États importateurs à raison de la consommation de café, de cacao ou de coton soit affectée à un fonds, une caisse mondiale de péréquation ? L'organisme en question existe d'ailleurs déjà. Créé par les Nations unies en 1980 pour coordonner l'action des fonds de régulation qui ont depuis lors disparu, le Fonds commun des produits de base, auquel la plupart des grands pays développés avaient alors adhéré, trouverait là un second souffle. Ses statuts resteraient en l'état. L'article 3 du chapitre II de l'Accord portant création du Fonds commun des produits de base ne stipule-t-il pas que son objectif est de « contribuer au financement des stocks régulateurs internationaux ou de financer des mesures autres que le stockage dans le domaine des produits de base » ? Ce Fonds ne détiendrait aucun stock, n'assurerait aucun rôle régulateur de l'offre et de la demande. Les capitaux seraient répartis tous les ans entre divers pays producteurs en fonction de leurs exportations passées sous le contrôle des ONG, dont l'intervention aurait alors pour but de vérifier la destination finale de ces sommes. Il n'est pas interdit de rêver qu'une pareille architecture internationale permettrait d'assurer des revenus décents aux producteurs sans remettre en selle les caisses de stabilisation dont les bailleurs de fonds internationaux ne veulent plus entendre parler. Il n'est pas question de prendre de front le libéralisme ambiant. La tâche semble impossible tant est puissante la vague qui déferle. Mais il s'agit de l'aménager de manière que les retombées de l'activité économique internationale profitent même à ceux que la géographie et la naissance ont mis en situation de faiblesse.

7.

UNE PLANÈTE AFFAMÉE

Le monde a changé. Il a suffi de trois petites années pour que la question des matières premières passe de l'obscurité à la lumière. La problématique n'intéressait hier que les premiers concernés : les producteurs, les intermédiaires, les agents financiers sur les places boursières. À cette galaxie professionnelle, il fallait ajouter quelques militants de l'altermondialisme qui perpétuaient le débat autour de ce que Samir Amin avait jadis baptisé « l'échange inégal ». Mais, somme toute, c'était affaire de spécialiste. Trois ans plus tard, le prix du baril de pétrole, celui du quintal de blé ou du kilo de riz font les gros titres des médias du monde entier. Dans les pays développés, on s'inquiète de la montée du litre ou du gallon d'essence. Les compagnies aériennes multiplient les surtaxes « carburant ». Les automobilistes laissent de plus en plus leur voiture au garage et se rabattent, quand il y en a, sur les transports en commun. Aux États-Unis, en Europe, au Japon, mais aussi dans les pays moins développés, les équipes gouvernementales suivent jour après jour la progression du cours du baril et les dégâts macroéconomiques qu'elle provoque. Ici, c'est une menace de récession qui s'amplifie. Plus loin on parle de stagflation. Ailleurs, les grands argentiers voient les rentrées fiscales diminuer au même rythme que la croissance.

Mais ce n'est pas le plus grave. De la Somalie jusqu'en Haïti, les plus pauvres sont frappés par la hausse des cours des matières premières avec une violence insoupçonnée. Hier, ils survivaient à grand-peine. Les quelques dollars grappillés jour après jour dans des activités improbables leur permettaient de remplir la gamelle de la famille. Trois ans plus tard, c'est devenu chose impossible. La hausse des cours du pétrole réduit leurs possibilités de déplacement et donc leur aptitude à gagner leur pitance quotidienne. Et quand ils arrivent à se déplacer, ce qu'ils gagnent est devenu insuffisant. Les disettes se font de plus en plus fréquentes. Les populations se révoltent. En Somalie, au Sénégal, en Bolivie, des émeutes dites « de la faim » se multiplient.

Du 7 au 10 avril 2008, c'est en Haïti que les émeutes se sont produites. Dans ce pays, déjà dévasté par plusieurs décennies de régime Duvalier père et fils, on découvrait avec stupeur que vingt années d'intervention internationale pour soutenir à bout de bras les gouvernements démocratiquement élus n'avaient abouti à rien. Les centaines de millions de dollars engloutis à Port-au-Prince et dans le reste du pays pour endiguer la violence politique et la délinquance petite ou grande, les milliers de casque bleus et de fonctionnaires de l'ONU déployés sur tout le territoire, les centaines d'ONG intervenant sur le terrain, n'ont pas suffi pour assurer l'autosuffisance alimentaire de la population.

Haïti privé de riz

Du jour au lendemain, neuf millions d'Haïtiens ont découvert qu'ils étaient à la merci du marché mondial du riz. Que la Thaïlande, principal exportateur, ferme ses entrepôts, et à Cité l'Éternel, dans les faubourgs de Port-au-Prince, la population en est réduite à quémander quelques sacs de riz qu'elle n'a plus les moyens de se payer. C'est que les présidents haïtiens, quels qu'ils soient, Aristide, Préval, Manigat, ont laissé sombrer l'agriculture nationale. Ils ont d'abord ouvert toutes grandes les frontières aux importations. Incités par les organisations financières internationales, ils ont réduit les droits de douane à une valeur symbolique. Alors que la moyenne des taxes à l'importation du riz dans les pays de la Caraïbe est de 20 %, à Port-au-Prince, les importateurs ne payent que 3 % de la valeur de leur chargement. Faisant preuve d'une certaine cohérence, ces gouvernements ont abandonné les paysans à leur sort. La vallée de l'Artibonite, grenier du pays, n'a pas été entretenue. Son réseau d'irrigation a été négligé. La production de riz a chuté. Incapables de concurrencer le riz importé à bon marché, les paysans ont délaissé les rizières. Ils ont été grossir les rangs des miséreux qui s'entassent dans les bidonvilles géants qui tiennent lieu de villes au pays. Sur le plan du rapport production /consommation, le résultat de cette politique à laquelle la communauté internationale a bien sûr donné son aval, a été catastrophique. Dans un même mouvement, les consommateurs haïtiens, si tant est que ce mot ait un sens pour ce pays, ont pris goût au riz thaïlandais ou américain, au riz importé et bon marché. Leur consommation de riz a augmenté. Parallèlement, la production nationale s'effondrait. Pour quatre mesures de riz consommées, les paysans haïtiens n'en produisent plus qu'une.

Cette politique pouvait sembler parfaitement légitime. Les volumes de riz disponibles sur le marché mondial suffisaient amplement à répondre aux besoins haïtiens. Importer quatre cent mille tonnes ne représente pas grand-chose. Cela correspond au déchargement d'une petite dizaine de cargos.

C'est moins de 1 % du volume total des échanges sur le marché mondial du riz. Mais le marché haïtien est devenu totalement tributaire de ces achats. Qui plus est, le système économique et financier en place a abouti au fil des années à la constitution d'un véritable monopole des importations. Le marché haïtien est aux mains de trois entreprises qui veillent jalousement sur leur situation dominante. Quand un franc-tireur veut se mêler au jeu, les banques locales refusent de garantir les lettres de crédit qui permettraient au nouveau venu de perturber l'ordre établi. Dans ces conditions, la concurrence n'est qu'une fiction. Et quand les prix mondiaux du riz explosent, comme cela fut le cas fin 2007, début 2008, les importateurs peuvent très tranquillement répercuter les hausses sur la population. Celle-ci se révolte alors, pille quelques commerces, dresse quelques barricades, incendie quelques voitures, assiège le palais présidentiel. La police locale et celle des Nations Unies interviennent. Un casque bleu est tué ainsi que cinq civils. Le président Préval annonce que les prix du riz vont baisser, que les importateurs sont d'accord. Et le calme revient. Pour quelques semaines.

Car ces hausses vont se poursuivre. En mai 2008, au Nigeria, il fallait un mois de salaire minimum pour acheter un sac de riz. Bientôt, il en faudra deux. L'achat de sucre, de farine, de tous les produits de base indispensables à la vie, va continuer, partout à devenir de plus en plus difficile. Cette détérioration est la conséquence d'une conjonction de phénomènes. On l'a déjà beaucoup écrit, l'émergence économique de la Chine et de l'Inde ont bouleversé la carte mondiale des flux de marchandises. Désormais tout converge vers ces deux pays. De Pékin à New-Delhi, c'est par centaines de millions qu'il faut chiffrer les nouveaux consommateurs. Leur appétit pour les biens de consommation courante et leur capacité nouvelle à les payer est en concurrence directe avec celle des citoyens des pays dits développés. Jusqu'à présent ceux-ci pouvaient jouir sans entrave, et sans rivaux, de la production agricole mondiale comme des ressources du sous-sol. C'en est désormais terminé. Le moindre cargo de soja, de blé, de riz est désormais âprement disputé, discuté, négocié. Et le chargement est à celui qui en offre le meilleur prix. Cette bataille pour la nourriture ne fait que commencer. Plus les pays asiatiques comme la Chine et l'Inde se développeront, plus leurs classes moyennes se densifieront, plus leurs besoins seront importants, plus les tensions sur les marchés agricoles seront vives.

Les Chinois importent leur blé

Car, à rebours de ce qui est nécessaire, l'offre n'est pas à la hausse. Et cela fait dix ans que cela dure, dix ans que l'offre mondiale est inférieure à la demande, dix ans que le monde consomme plus qu'il ne produit, dix ans que l'on tape dans les stocks. D'abord parce que l'agriculture a souvent été négligée, considérée comme un facteur second dans un monde où l'avenir appartenait aux seuls concepteurs de nouvelles technologies ou aux seuls financiers. Comme on l'a montré dans les chapitres précédents, la commercialisation agricole s'est faîte au mépris de l'intérêt des agriculteurs et parfois même, à leur détriment. Ces mauvaises manières ont poussé les producteurs vers les villes. Ils s'entassent dans les bidonvilles, où ils grossissent l'armée des consommateurs stériles. Pire encore, dans les pays émergents, comme la Chine ou l'Inde, la croissance se fait contre l'agriculture. Bien sûr, les Chinois produisent du coton, du riz et bien d'autres produits. C'est un des tours de force de la Chine contemporaine que d'avoir réussi à nourrir une population aussi nombreuse. Mais pour remplir les usines d'ouvriers, il a fallu vider les campagnes de centaines de millions de paysans. Les périmètres urbains ont donc considérablement crû. À tel point que les villes ont gagné sur les campagnes. Les paysans chinois ont, en quelque sorte, converti leurs lopins de terre en poste d'assemblage. Cette mutation sociale et économique a doublement amputé l'agriculture chinoise : d'hommes et de terres. La Chine est donc de moins en moins apte à répondre à la demande de ces nouveaux consommateurs urbains, de plus en plus contrainte de se tourner vers des fournisseurs extérieurs. On n'en est pas encore à voir la Chine importer du riz. N'en est-elle pas le principal producteur mondial ? Mais sa dépendance vis-à-vis des marchés extérieurs s'accroît. Européens sont sur le marché des céréales. Européens, Américains, Brésiliens, Argentins, Australiens tentent d'emporter cet énorme marché, de fournir blé, soja, maïs. À tel point qu'il ne reste plus guère de marchandise à fournir aux pays moins puissants, aux économies moins bien nanties, moins intéressantes.

Mais la hausse du prix du pain en Tunisie ou en Côte d'Ivoire n'est pas le seul fait de la croissance indienne ou chinoise. C'est aussi la conséquence de vingt ans d'une impéritie générale et d'un aveuglement universel. Jusqu'à une date très récente, tous les cénacles internationaux planchaient sur le démantèlement des droits de douane, sur la dislocation des cartels, sur la conquête de nouveaux marchés. À un autre niveau, les militants altermondialistes faisaient de la guerre contre les OGM leur étendard. Partis à l'assaut des puissances de l'argent, ils écrasaient au passage les scientifiques. Ce vacarme médiatique contribuait à faire passer la question alimentaire au second rang. Certes, les associations dites « alternatives » militaient pour la sécurité alimentaire des pays du tiers-monde. Mais ce n'était en fait qu'un alibi pour pouvoir s'en prendre aux démoniaques multinationales qu'ils pourchassaient d'un forum à l'autre, d'une conférence à l'autre. Finalement, si on se battait contre les OGM, pour une agriculture biologique et moins productiviste donc moins productive, si on cherchait à éliminer les engrais pour le bien-être général, n'était-ce pas parce que le problème de la faim ne se posait pas, ne se posait plus ?

À cet assèchement des disponibilités par quelques clients en situation dominante, s'est ajoutée la question des agro-carburants. Poussés par les écologistes et la montée des prix du pétrole, les grandes puissances agricoles que sont les États-Unis et l'Argentine se sont mises à vendre leurs oléagineux, leurs céréales aux producteurs de biocarburant. En Europe, Bruxelles a imaginé qu'à l'horizon 2020, 20 % de la consommation d'essence viendrait des champs des paysans ! Mais à peine ces décisions étaient-elles prises, ces cultures lancées que surgissait la crise alimentaire mondiale ! Aussitôt, on brûlait ce qu'on avait adoré la veille. Haro sur les biocarburants ! Manger ou conduire, il faudra choisir ! Le débat enflammait les forums internationaux et fournissait des sujets de discussion sur les plateaux de télévision. À tous, alors qu'on manquait soudain de nourriture, il sautait aux yeux que transformer des céréales en essence était une hérésie. Un crime contre l'humanité ! assénait même Jean Ziegler. En face, se dressait le président brésilien. De réunion de la FAO en forum latino-américain, Lula Ignacio da Silva défendait ses agrocarburants. Les vouer aux gémonies, c'était oublier que le Brésil avait imaginé un plan éthanol il y a bien des années, pour utiliser ses excédents de canne à sucre – il en est le premier producteur mondial –, et réduire par la même occasion sa facture pétrolière. Dans le même mouvement, Lula affirmait que ces agro-carburants ne jouaient aucun rôle dans la déforestation de la forêt amazonienne et encore moins dans la crise alimentaire mondiale.

Il faut écouter le président brésilien. Le Brésil, l'une des principales puissances agricoles mondiales, n'a aucune raison de se priver de son éthanol. S'il le faisait, le marché mondial du sucre en serait d'ailleurs probablement déstabilisé et on entendrait alors geindre les éternels défenseurs du tiers-monde, habitués à dégainer plus vite que leur ombre. Par ailleurs, il faut raison garder. Les biocarburants ne sont ni la panacée universelle capable de remplacer les énergies fossiles ni un facteur de malheur pour la population la plus déshéritée de la planète. Il appartient donc aux États de se concerter pour définir des politiques, des plafonds de production raisonnable. La question est de savoir s'ils en sont capables.

Bien sûr, les agronomes les plus réputés ne cessent de crier que l'humanité a encore faim, que 900 millions d'hommes et de femmes dans le monde ne mangent pas à satiété. Comment le pourraient-ils avec un revenu mensuel inférieur à 60 dollars ? Ces spécialistes réputés s'époumonent : non seulement 900 millions d'êtres humains ont faim mais la plupart d'entre eux sont des paysans. C'est dire si la paysannerie a été laissée à l'abandon ! Comme en Haïti, l'investissement s'est fait rare. Résultat, la production mondiale de céréales a stagné, pour ne pas dire baissé ! Au Danemark, pays vertueux et écologique s'il en est, on s'est montré pionnier dans l'abandon du recours aux engrais. Résultat, non seulement, la production de blé a baissé mais la qualité aussi ! Ce blé n'est plus panifiable. Le Danemark est obligé d'en importer. En France, fin 2007, certaines grandes entreprises de meunerie sont aux abois, à la limite de la rupture de stocks : même en y mettant le prix, il n'y avait pas de blé disponible ou très peu. Pas de blé, pas de farine. Pas de farine, pas de pain ! Bien sûr la France et les pays développés trouveront toujours une solution. Il y aura toujours du pain, des pâtes, du riz et de la viande. Mais tout sera plus cher. La FAO l'a reconnu dans un rapport rendu public le 29 mai 2008. L'organisation internationale estime que les prix agricoles resteront plus élevés qu'au cours des décennies précédentes. En profiteront, estiment les experts romains, les producteurs des pays développés et ceux travaillant dans les pays en développement qui sont en mesure d'exporter vers les marchés mondiaux.

Nécessaire intervention étatique

La situation des petits producteurs africains, asiatiques ou latino-américains restera donc difficile. Ils pourraient bénéficier des prix élevés sur les marchés mondiaux pour tirer les leurs vers le haut. Encore faudrait-il qu'ils aient la possibilité logistique d'acheminer leur production vers les villes où sont les couches sociales solvables. Or l'acheminement du riz, du sorgho, du blé est souvent un casse-tête insoluble, le stockage défaillant, comme ça l'est parfois pour le café ou le cacao. Dans ces conditions, difficile pour ces petits producteurs de rendre leurs exploitations bénéficiaires. D'autant plus que les cours mondiaux du coton, du cacao, du café, même s'ils ont eux aussi bénéficié de l'intérêt des fonds d'investissement, restent éminemment volatils !

La gestion des flux agricoles ne peut donc être laissée à la seule merci des marchés internationaux. Si ceux-ci ont leur intérêt, s'ils peuvent permettre de réguler la production et de tirer celle-ci à la hausse avec des cours rémunérateurs, les États, les organisations internationales doivent intervenir pour protéger les acteurs les plus faibles, permettre aux nations les moins riches de protéger leurs paysans de la brutalité des marchés mondiaux. La crise alimentaire de l'année 2007-2008 aura au moins eu ce mérite : permettre de rompre avec l'idolâtrie du laisser-faire, obliger les États à se demander comment faire face.

BIBLIOGRAPHIE

BATES Robert H., *Open-Economy Politics : The Political Economy of the World Coffee Trade*, Princeton University Press, 1997.

BERGER Suzanne, *Notre première mondialisation, leçons d'un échec oublié*, trad. de l'américain par Richard Robert, Paris, Le Seuil, La République des idées, 2003.

GOMBEAUD Jean-Louis, MOUTOUT Corinne, SMITH Stephen, *La Guerre du cacao : histoire secrète d'un embargo*, Paris, Calmann-Lévy, 1990.

GOREUX Louis, *Réformes des filières cotonnières en Afrique subsaharienne*, étude publiée par le ministère français des Affaires étrangères et par la Banque mondiale, 2003.

HANAK FREUD Ellen, PETITHUGUENIN Philippe, RICHARD Jacques, *Les Champs du cacao. Un défi de compétitivité Afrique-Asie*, Montpellier, Cirad/Paris, Karthala, 2000.

LECOMTE Tristan, *Le Commerce équitable*, Paris, Éyrolles Pratique, 2004.

MARCOS (sous-commandant), LE BOT Yvon, *Le Rêve zapatiste. Entretien avec Yvon Le Bot*, Paris, Le Seuil, 1997.

MAZOYER Marcel, ROUDART Laurence, *Histoire des agricultures du monde, du néolithique à la crise contemporaine*, Paris, Le Seuil, Points Histoire, 2002.

MINC Alain, *Les Prophètes du bonheur. Une histoire personnelle de la pensée économique*, Paris, Grasset, 2004.

MINISTÈRE DES AFFAIRES ÉTRANGÈRES, *Mémento de l'agronome*, Montpellier, Cirad/Paris, Gret, 2003.

RAYNOLDS Laura T., *Poverty Alleviation Through Participation in Fair Trade Coffee Networks : Existing Research and Critical Issues*, Colorado State University, 2002.

RAYNOLDS Laura T., MURRAY Douglas, TAYLOR Peter Leigh, « Fair Trade Coffee : Building Producer Capacity Via Global Networks », *Journal of International Development* 16 1-13, Sociology Department, Colorado State University, 2004.

RUF François, LANÇON Frédéric (dir.), *From Slash-and-Burn to Replanting : Green Revolutions in Indonesian Uplands*, Washington D.C., World Bank Regional and Sectoral Studies, 2004.

RUF François, GÉRARD Françoise (dir.), *Agricultures en crise. Populations, matières premières et ressources naturelles en Indonésie : 1996-2000*, Montpellier, Cirad/Paris, Karthala, 2001.

STIGLITZ Joseph E., *La Grande Désillusion*, trad. de l'américain par Paul Chemla, Paris, Fayard, 2002.

STIGLITZ Joseph E., *Quand le capitalisme perd la tête*, trad. de l'américain par Paul Chemla, Paris, Fayard, 2003.

REMERCIEMENTS

Ce livre a été voulu et inventé par Thierry Perret. Il n'aurait pas vu le jour sans le soutien constant et la lecture impitoyable de ma femme, Sylvie. Innombrables sont les négociants, courtiers, banquiers, armateurs, affréteurs, assureurs, qui ont concouru à cet ouvrage en tenant à l'anonymat. Michel Boris fut un archiviste indispensable. Ginette Polimène a revu certains passages.

TABLE DES MATIÈRES

COLLECTION « PLURIEL »

ACTUEL

ADLER Alexandre
J'ai vu finir le monde ancien
Au fil des jours cruels
L'Odyssée américaine
Rendez-vous avec l'Islam
Sociétés secrètes

ATTIAS Jean-Claude,
AUNG SAN SUU KYI
Ma Birmanie

BENBASSA Esther
Les Juifs ont-ils un avenir ?

BACHMANN Christian,
LE GUENNEC Nicole
Violences urbaines

BAECQUE (de) Antoine
Les Duels politiques

BARBER Benjamin R.
Djihad versus McWorld
L'Empire de la peur

BARLOW Maude, CLARKE Tony
L'Or bleu

BEN-AMI Shlomo
Quel avenir pour Israël ?

BERGOUGNIOUX Alain,
GRUNBERG Gérard
L'Ambition et le remords

BORIS Jean-Pierre
Le Roman noir des matières premières

BRETON Stéphane
Télévision

BROWN Lester
Le Plan B

BRZEZINSKI Zbigniew
Le Grand Échiquier

BURGEL Guy
La Ville aujourd'hui

BURGORGUE-LARSEN Laurence,
LEVADE Anne,
PICOD Fabrice
La Constitution européenne expliquée au citoyen

CHALIAND Gérard
Guérillas

COHEN Daniel
La Mondialisation et ses ennemis

COHEN-TANUGI Laurent
Guerre ou paix

COLLECTIF
Le Piège de la parité

DAVIDENKOFF Emmanuel
Peut-on encore changer l'école ?

DELPECH Thérèse
L'Ensauvagement

DELUMEAU Jean
Un Christianisme pour demain

ÉTIENNE Bruno,
LIOGIER Raphaël
Être bouddhiste en France aujourd'hui

FAUROUX Roger,
SPITZ Bernard
Notre État

GLUCKSMANN André
De Gaulle, où es-tu ?
Ouest contre Ouest
Le Discours de la haine

GREENSPAN Alan
Le Temps des turbulences

GRESH Alain
L'Islam, la République et le monde
Israël-Palestine

GRESH Alain,
VIDAL Dominique
Les Cent Clés du Proche-Orient

GUÉNIF-SOUILAMAS Nacira
Des beurettes

JADHAV Narendra
Intouchable

JEANNENEY Jean-Noël
(sous la direction de)
L'Écho du siècle

KAGAN Robert
La Puissance et la Faiblesse

KERVASDOUÉ Jean de
Les Prêcheurs de l'apocalypse

LAÏDI Zaki
Un monde privé de sens

LAURENS Henry
L'Orient arabe à l'heure américaine

LAVILLE Jean-Louis
L'Économie solidaire

LE BONNEC Yves,
SAULOY Mylène
À qui profite la cocaïne ?

LENOIR Frédéric
Les Métamorphoses de Dieu

LEYMARIE Philippe,
PERRET Thierry
Les 100 clés de l'Afrique

MÉHAIGNERIE Laurence
Les Oubliés de l'égalité des chances

MONGIN Olivier
De quoi rions-nous ?

MOREAU Jacques
Les socialistes Français et le mythe révolutionnaire

MINCES Juliette
Le Coran et les femmes

NICOLINO Fabrice,
VEILLERETTE François
Pesticides

PROLONGEAU Hubert
Sans domicile fixe

RAMBACH Anne,
RAMBACH Marine
Les Intellos précaires

RENAUT Alain
La Libération des enfants

ROY Olivier
Généalogie de l'islamisme
La laïcité face à l'islam

ROY Olivier,
ABOU ZAHAD Mariam
Réseaux islamiques

SABEG Yazid,
SALAS Denis
Le Tiers Pouvoir
La Volonté de punir

SMITH Stephen
Négrologie
Oufkir, un destin marocain
Noir et Français

SMITH Stephen,
GLASER Antoine
Comment la France a perdu l'Afrique

STRAUSS-KAHN Dominique
La Flamme et la Cendre

TISSERON Serge
L'Intimité surexposée

TRAORÉ Aminata
Le Viol de l'imaginaire

URFALINO Philippe
L'Invention de la politique culturelle

VIROLE Beno"t
L'Enchantement Harry Potter

WARSCHAWSKI Michel
Sur la frontière

WIEVIORKA Michel
La tentation antisémite

SOCIOLOGIE, ANTHROPOLOGIE

ARNALDEZ Roger
L'Homme selon le Coran

AUGÉ Marc
Un ethnologue dans le métro

BADIE Bertrand,
BIRNBAUM Pierre
Sociologie de l'État

BAUMAN Zygmunt
Le Coût humain de la mondialisation
La Société assiégée
L'Amour liquide

BEAUD Stéphane,
Pialoux Michel
Violences urbaines, violence sociale

BIRNBAUM Pierre
La Fin du politique
Le Peuple et les gros

BOUDON Raymond
La Logique du social
L'Inégalité des chances

BOUSTANY Antoine
Drogues de paix, drogues de guerre

BROMBERGER Christian
Passions ordinaires

CALVET Louis-Jean
Histoire de l'écriture
La Guerre des langues et les politiques linguistiques

CASTEL Robert,
HAROCHE Claudine
Propriété privée, propriété sociale, propriété de soi

DIGARD Jean-Pierre
Les Français et leurs animaux

DUPUY Jean-Pierre
Libéralisme et justice sociale
EHRENBERG Alain
Le Culte de la performance
L'Individu incertain
ELLUL Jacques
Le Bluff technologique
FONDATION DES ÉTUDES DE DÉFENSE
Les Manipulations de l'image et du son
FOURASTIÉ Jean
Les Trente Glorieuses
GARAPON Antoine, PERDRIOLLE Sylvie
Quelle autorité ?
GIDDENS Anthony
La transformation de l'intimité
GINESTE Thierry
Victor de l'Aveyron
GUÉRIN Serge
L'Invention des seniors
HIRSCHMAN Albert O.
Bonheur privé, action publique
KAUFMANN Jean-Claude
L'Invention de soi
Ego
LAHIRE Bernard
L'homme pluriel
LE BRAS Hervé
Marianne et les lapins
LE BRETON David
L'Adolescence à risque
LERIDON Henri
Les enfants du désir
MONOD Jean
Les Barjots
MUXEL Anne
Individu et mémoire familiale
PIKETTY Thomas
Les Hauts Revenus en France au XXe siècle
PONT-HUMBERT Catherine
Dictionnaire des symboles, des rites et des croyances
RAUCH André
Crise de l'identité masculine, 1789-1914
Vacances en France de 1830 à nos jours
ROBIN Corey
La Peur
ROSANVALLON Pierre
La Question syndicale
SAVIER Lucette
Des sœurs, des frères
SENNETT Richard
Respect
La Culture du nouveau capitalisme
SINGLY (de) François
Les Uns avec les autres
Les Adonaissants
L'Injustice ménagère
SULLEROT Évelyne
La Crise de la famille
THÉLOT Claude
Tel père, tel fils ?
TIERNEY Patrick
Au nom de la civilisation
URFALINO Philippe
L'invention de la politique culturelle
WIEVIORKA Michel
La Violence

PHILOSOPHIE

ARON Raymond
Essai sur les libertés
L'Opium des intellectuels
AZOUVI François
Descartes et la France
BADIOU Alain
Deleuze
BLAIS Marie-Claude, GAUCHET Marcel, OTTAVI Dominique
Pour une philosophie de l'éducation
BOUVERESSE Jacques
Le Philosophe et le réel
BURKE Edmund
Réflexions sur la Révolution en France
CANTO-SPERBER Monique
Le libéralisme et la gauche
CHÂTELET François
Histoire de la philosophie
t. 1 : *La Philosophie païenne (du VIe siècle av. J.-C. au IIIe siècle après J.-C.)*
t. 2 : *La Philosophie médiévale (du Ier au XVe siècle)*

t. 3 : *La Philosophie du monde nouveau (XVIe et XVIIe siècle)*
t. 4 : *Les Lumières (XVIIIe siècle)*
t. 5 : *La Philosophie et l'histoire (de 1780 à 1880)*
t. 6 : *La Philosophie du monde scientifique et industriel (de 1860 à 1940)*
t. 7 : *La Philosophie des sciences sociales (de 1860 à nos jours) t. 8 : Le XXe siècle*

CONSTANT Benjamin
Principes de politique

COURTINE-DENAMY Sylvie
Hannah Arendt

DESCHAVANNE Eric,
TAVOILLOT Pierre-Henri
Philosophie des âges de la vie

DESSANTI Jean-Toussaint
Le Philosophe et les pouvoirs
Un Destin philosophique

DETIENNE Marcel
Dionysos à ciel ouvert

GIRARD René
La Violence et le sacré
Celui par qui le scandale arrive
Mensonge romantique et vérité romanesque
Les origines de la culture

GLUCKSMANN André
Le Bien et le Mal
Une rage d'enfant

HABERMAS JŸrgen
Après Marx

HABIB Claude
Le Consentement amoureux

HAZARD Paul
La pensée européenne au XVIIIe siècle

JANICAUD Dominique
Heidegger en France (2 vol.)

JANKÉLÉVITCH Sophie,
OGILVIE Bertrand
L'Amitié

JARDIN André
Alexis de Tocqueville

JERPHAGNON Lucien
Les Dieux ne sont jamais loin
Au bonheur des sages

Pour l'éditeur, le principe est d'utiliser des papiers composés de fibres naturelles, renouvelables, recyclables et fabriquées à partir de bois issus de forêts qui adoptent un système d'aménagement durable.

En outre, l'éditeur attend de ses fournisseurs de papier qu'ils s'inscrivent dans une démarche de certification environnementale reconnue.

Achevé d'imprimer en France
par Dupli-Print à Domont (95)
en mai 2011
N° d'impression : 175970
27-02-0755-2/01